KÄSE

KÄSE

INHALT

Vorwort 9
Entrée · Gougères (Burgundische Käsekrapfen) 14

I. WAS IST KÄSE?

Walter Münster · Käse – was ist das? 15
Alexandre Dumas · Käse 17
So entstehen aus einem Rohstoff
viele Käsesorten 20

II. ALLES ALTER KÄSE

Christoph Wagner · Zweistromkäse 22
Biblischer Käse 24
Plinius d. Ä. · Käse im alten Rom 25
P. S.: Römischer Beton 26

III. KÄSEKULTUREN

Saint-Amant · Der Käse 28
Tarte au Bleu d'Auvergne 32
Franz Michael Felder · Das Leben auf der Alpe 33
Johanna Spyri · Heidi beim Großvater 36
Mi Vatter ischt a Appezealler … 39
Jeremias Gotthelf · Naturgeschichte der Käsereien 39
Neuenburger Fondue 44
Helmut Hetzel · Der Alkmaarer Käsemarkt 45
Alberto Savinio · Das Käseorchester 49
Miguel de Cervantes · Dulcineas Freigebigkeit 52
Francisco García Pavón · Der Manchegokäse 53

IV. DIE HERSTELLUNG:
Von Göttern, Hirten und Mönchen

Tibull · Apoll als Hirte 58
Homer · Der Hirte Polyphem 59
Vergil · Käsezubereitung 62
Juliane Güde · Der Käse und die Mönche 63

V. MYTHISCHER UND MAGISCHER KÄSE

Carlo Ginzburg · Wie Würmer im Käse 68
Christoph Wagner · Käse im Aberglauben 72
Brüder Grimm · Blümelis-Alp 74
Ludwig Bechstein · Kastelen-Alpe 75

VI. VON KÄSEFRAUEN UND MILCHMÄNNERN

Johann Wolfgang Goethe · Die alte Käsefrau 77
Emile Zola · Im Bauch von Paris 78
Italo Calvino · Das Käsemuseum 85
Sarah Kirsch · Der Milchmann Schäuffele 90

VII. CHACUN À SON GOÛT

Johann Fischart · Von des Grandgoschier
Kuchen, Kasten und Keller 92
Manuel Vázquez Montalbán · Camembert
mit Tomatenmarmelade 94
Alphonse Daudet · Die Käsesuppe 96
Vorarlberger Käsesuppe 102

VIII. DER ANGRIFF DES KILLERKÄSES

Judiths Käsegericht 103
Molière · Käse gegen Hypokrisie 105

Bernard Teyssandier · Von der Rohmilch
zur Pasteurisierung 107

IX. KÄSE DER ANDEREN ART

Robert Walser · Die Geschichte des
Herrn Camembert 113
Eugen Egner · Das kosmische Käsebrot 115
Ingo Insterburg · Die Käsemade 119
Juliane Güde · Der Halve Hahn 119
Jean de La Fontaine · Der Wolf
und der Fuchs 120
Phaedrus · Der Fuchs und der Rabe 122

X. DREIKÄSEHOCH

»Zicke, Zicke, Häschen …« 124
»Ich ging mal in die Stadt …« 124
René Goscinny · Der Schulrat war da 124

XI. KÄSE UND EROS

Longos · Der Dank Daphnis' und Cloes 127
Juliane Güde · Die Entstehung des Roquefort 129
Johannes Mario Simmel · Beim Kochen für die
Amis entflammt Thomas Lievens Herz 131
Parmesanpudding nach Thomas Lieven 134

XII. WAS SIE SCHON IMMER ÜBER KÄSE
wissen wollten, aber bisher nicht zu fragen wagten

Kurt Tucholsky · Wo kommen die Löcher
im Käse her –? 135
Guy Bonnefoit · Welcher Wein zum Käse? 142

Franz Strassmann · Wer hat den Käse
zum Bahnhof gerollt? 145
Juliane Güde · Wie kommt der Münster
zum Kümmel? 145

XIII. KÄSE SCHLIESST DEN MAGEN

Wilhelm Busch · Pst! 147

Textnachweise 148
Bildnachweise 158

VORWORT

Alles Käse – so gesehen. Denn nichts anderes ist es, was im vorliegenden Fall Homer und Goethe mit Tucholsky, Simmel und vielen anderen mehr oder weniger bekannten Autoren verbindet. Doch nicht nur berühmte Dichter und anerkannte Literaten melden sich zu Wort, vor allem die Volksliteratur ist mit zahlreichen Beispielen vertreten. Ob es sich um Sprichwörter, Kinderreime, Märchen oder Sagen handelt, zum Thema Käse wird man gerade dort schnell fündig, anders als in den Werken der sogenannten schönen Literatur.

In ihrer Haltung dem Milchprodukt gegenüber allerdings scheiden sich die Geister; die einen lieben diese »Laune Gottes«, wie ein französischer Käsehersteller sein Produkt genannt hat, die anderen rümpfen eher die Nase ob dieser kleinen Stinker. Nicht umsonst ruft die Bemerkung, jemand habe »Käsefüße«, nicht allzu appetitliche Assoziationen wach. Nicht nur der Geruch stößt manchen ab, auch das Aussehen dieses Fäulnisproduktes. Ganz im Ernst: schöne Mädchen haben Rosenwangen, eine Schönheit mit käsiger Gesichtsfarbe dagegen widerspräche doch dem allgemeinen ästhetischen Empfinden! Crottin de Chavignol – Pferdeapfel aus Chavignol –, Altenburger Milbenkäse, der Name sagt schon genug, es bedarf gar nicht der Maden und Würmer, um weniger Mutige Abstand nehmen zu lassen von kulinarischen Köstlichkeiten, die sich nach außen hin als blau- oder grünschimmeliges, rotschmieriges, gelblich zähfließendes Etwas »anrüchiger« Art geben.

Aber man muß nicht so weit greifen, um zu verstehen, weshalb selbst der in Aussehen und Geruch dezente

KÄSE

Emmentaler oder der auf dem Wiener Kongreß von Talleyrand angeblich zum König der Käse ernannte Brie de Meaux so wenig Eingang in die Literatur gefunden haben. Zum einen waren viele Dichter wohl nicht gerade Käsefreunde, zum anderen war Käse lange Zeit einfach zu unbedeutend. Süße Früchte, duftende Braten deckten den königlichen Tisch, Brot und Wein, in schlechten Zeiten auch Brei, durften es sein, aber Käse – wer fand diese Armeleutespeise schon der Erwähnung wert? Während Griechen und Römer dem Käse nicht nur bei Tisch, sondern auch in der Literatur den ihm angemessenen Platz zukommen ließen, hatte er es um so schwerer, seinen Weg nicht nur in die feine Küche, sondern auch in die anerkannte Literatur zu finden. Auf die kaiserliche Tafel allerdings kam der Käse schon recht früh, denn zahlreich sind die Geschichten um Karl den Großen, die ihn als Käsekenner und -liebhaber schildern.

Käse findet vor allem dann Erwähnung, wenn die Literatur volkstümlich oder derb sein darf, z.B. in der Satire, und immer dort, wo Essen und im besonderen das Essen von Käse anerkanntermaßen zur Kultur gehören, in Ländern mit ausgeprägter Käsekultur, allen voran natürlich in der »Grande Nation des Fromages«, in Frankreich. Aber auch Italien, die Schweiz und Spanien haben ihren »literarischen Käse« beigesteuert, während Hollands Beitrag vor allem illustrativer Art ist. Auch Texte von Autoren aus Deutschland und Österreich sind hier versammelt, Länder, in denen zwar seit Jahrtausenden Käse hergestellt und gegessen wird, die aber erst langsam ein »Käsebewußtsein« entwickelt haben. Niemanden wird es aber verwundern, in die ser Sammlung keine fernöstlichen Texte zu finden, ist es doch allgemein bekannt, daß Milchprodukte in Japan und China und anderen Ländern Asiens mit Ausnahme Indiens keine oder kaum eine Rolle in der Ernährung und folglich auch in der Literatur spielen. Nicht verschweigen will ich, daß auch in Nord- und Osteuropa, in Amerika, in Australien, in Neuseeland und selbst in Afrika Käse produziert wird. Die Tatsache aber, daß sich hier nur Texte aus wenigen europäischen Ländern finden, liegt schlicht und einfach an deren literarischer Ergiebigkeit.

Was nun die häufige Erwähnung des Käses in der Volksliteratur betrifft, so liegt dies zum einen an der Volkstümlichkeit dieses Nahrungsmittels, es war und ist weit verbreitet – Bäuerinnen, Hirten und Klosterbrüder wußten früher um die Kunst des Käsemachens –, zum anderen vielleicht auch an der magischen Komponente, die der Käse offenbar hat. Die Milch, das erste Nahrungsmittel eines jeden Menschen, ist bereits ein besonderer Stoff, ähnlich dem Blut Sitz der Lebenskraft, die Mütter oder Muttertiere ihren Kindern oder Jungen spenden. Der Mensch schließlich bemächtigt sich dieses Lebenssaftes, indem er beginnt, Ziegen, Schafe, Kühe, Kamele oder Stuten zu melken und sich von deren Milch zu ernähren. Man denke in diesem Zusammenhang an die Schöpfungsmythen: in der nordischen Sage z. B. säugt die Kuh Audumela den Riesen Ymir, in Rom ist es die Wölfin, die Romulus und Remus von ihrer Milch trinken läßt und ihnen somit die Kraft gibt, die ewige Stadt zu gründen.

Als der Mensch dann vor Tausenden von Jahren wohl erst durch Zufall entdeckt hatte, daß man Milch unter

KÄSE

Zuhilfenahme von tierischem Lab oder von Pflanzenextrakten gerinnen lassen und durch Erhitzen auch haltbar machen konnte, war die Durchführung dieses Prozesses für ihn – mehr als das Braten von Fleisch z. B. – ein eigentlich schöpferischer Akt. Gott hatte den Säugetieren die Fähigkeit gegeben, Milch zu produzieren, aber der Mensch schuf nach seiner Willkür in der Form, die ihm beliebte, ein neues Nahrungsmittel: den Käse. Ähnlich wie beim Brennen von Ton im Feuer stellte sich der Mensch so neben Gott in seiner Schöpfungskraft. – Wobei gerade Tongefäße eine wichtige Rolle für die Käseherstellung spielten. Man hat in Frankreich siebartig durchlöcherte Tongefäße aus der Jungsteinzeit gefunden, die dem Abtropfen von Quark oder Frischkäse dienten. Vom lateinischen Wort *forma* kommen auch die Namen im Italienischen und Französischen: *formaggio* und *fromage*. – Hirten wurden magische Kräfte zugeschrieben. Und selbst in Zeiten, als längst schon die erwähnte Popularisierung der Käseherstellung stattgefunden hatte, unterstellte der Volksmund manchen Sennerinnen Hexenkräfte, da nur sie die genauen Rezepturen für die Herstellung bestimmter Käse kannten und angeblich beim Rühren des Käses ihre Röcke über die anzurührende Masse breiteten, so daß keiner sah, was wirklich mit der Milch geschah.

Von der Nahrung der Götter und Helden zum Volksnahrungsmittel, für fast jeden verfügbar, für fast jeden erschwinglich, verlor der Käse seine Faszination und wurde schließlich als ein Nahrungsmittel unter vielen uninteressant, in seinen geruchs- und geschmacksintensiven Varianten für viele sogar abstoßend. Frische und milde Käse aber kennt und mag fast jedes Kind. Und so ist es nicht verwunderlich, daß es in der Literatur für die Zielgruppe der Dreikäsehochs gelegentlich nur so von Mäusen und Käsen wimmelt. Übrigens: nicht nur Kinder werden in Käsen gemessen, auch im Reich der Märchen sind die Däumlinge und Kobolde meist drei Käse hoch.

Nicht vergessen werden darf bei alledem natürlich der Gourmet und wahre Käseliebhaber. Und wenn Gourmets zugleich Schriftsteller sind wie im Falle Alexandre Dumas', so ist hier natürlich der rechte Ort, sie zu Wort kommen zu lassen.

Und abgerundet wird das Ganze schließlich durch Sachinformationen rund um den Käse und nicht zuletzt durch Rezepte aus der Käseküche.

Haben Sie jetzt Lust bekommen, Ihre Nase einmal in den Käse zu stecken? Sie müssen ja nicht so weit gehen wie Léon-Paul Fargue, der angesichts eines reifen Camemberts ausrief: »Die Füße Gottes!«

Juliane Güde

ENTRÉE

GOUGÈRES (BURGUNDISCHE KÄSEKRAPFEN)

¼ l	Wasser
65 g	Butter
150 g	Mehl
1 Prise	Salz
3–4	Eier
100–150 g	Gruyère-Käse, klein gewürfelt oder gerieben

Wasser mit Butter und Salz in einem Topf zum Kochen bringen. Den Topf vom Herd nehmen und unter Rühren das ganze Mehl dazugeben. Dann den Topf wieder auf den Herd stellen. Den Teig unter Rühren so lange erhitzen, bis er einen Kloß bildet und sich am Topfboden eine weiße Haut absetzt.

Den Teig nun sofort in eine Schüssel geben und nach und nach die Eier und schließlich den Käse unterrühren.

Backblech einfetten und mit Hilfe eines Kaffeelöffels kleine Teigbällchen daraufsetzen. Blech auf die mittlere Schiene in den auf 220 °C (Gas: Stufe 5) vorgeheizten Ofen schieben und 20–30 Minuten lang backen.

Noch lauwarm zum Apéritif, z. B. mit einem Glas Chablis, servieren. Bon appétit!

I. WAS IST KÄSE?

Ein Rätsel

Am Morgen leichter Flaum,
am Mittag steifer Schaum,
am Abend schwerer Traum.

Was ist das? – Käse!

WALTER MÜNSTER
KÄSE – WAS IST DAS?

Käse ist immer ein Gerinnungsprodukt der Milch, wobei zwischen Säuregerinnung und Labgerinnung zu unterscheiden ist. Durch reine Säuregerinnung der Milch entsteht Frischkäse oder Quark; durch Labgerinnung in Verbindung mit Säuregerinnung entsteht Labkäse. Im Gegensatz zum Frischkäse, der sofort verzehrt werden kann, erhält Labkäse seine typische Beschaffenheit erst nach einer bestimmten Reifezeit. In dieser Reifezeit, die bei manchen Weichkäsearten nur wenige Wochen, bei Hartkäse aber auch viele Monate dauern kann, kommt es durch bakterielle Vorgänge zu einer völligen Umwandlung des Eiweißes. Bei einigen Käsearten, besonders bei Schimmelkäse kommt es zu einer Fettspaltung.

Der grundlegende Vorgang ist für die Herstellung aller Labkäsesorten ähnlich: Milch wird durch Milchsäurebakterien und Lab zum Gerinnen gebracht. Die dabei entstehende Masse, der sogenannte Bruch, wird zerkleinert und in Formen geschöpft. Dabei wird dieser Masse durch Ablaufenlassen oder auch Pressen möglichst viel Flüssigkeit, die Molke, entzogen.

In den Formen entstehen die Ausgangsprodukte, die Rohkäse. Sie sind vor der Reifung für die verschiedenen Käsesorten weitgehend gleich. Durch Zusatz von verschiedenen Bakterien- oder Schimmelkulturen und durch unterschiedlich gestaltete Reifungsbedingungen entstehen aus diesen Rohkäsen dann die fertigen Käse. Unterschiede bei der Produktion gibt es darin, ob ein Käse gepreßt wird oder nicht. Gepreßt werden Hartkäse und einige festere Schnittkäsesorten. Weichkäse werden nicht gepreßt.

Die Vielfalt der Käsesorten hat ihren historischen Ursprung sehr stark in den unterschiedlichen Produktions- und Reifungsbedingungen, die in den Entstehungsländern der Käsesorten anzutreffen waren. Südliche Käsespezialitäten beispielsweise werden meist bei höheren Herstellungs- und Reifungstemperaturen produziert als Käse aus nordeuropäischen Ländern. Bei anderen Käsesorten stand auch der Zufall Pate: Infektionen durch Brot- oder Kellerschimmel brachten die Menschen auf die Idee der Herstellung von Edelschimmelkäse und Camembert.

Durch solche Gegebenheiten und Zufälle wurde der Käse zu dem, was er heute ist: zu einem der ältesten und am weitesten verbreiteten Nahrungsmittel der Welt.

ALEXANDRE DUMAS
KÄSE

Käse ist nichts anderes als das Geronnene der Milch, das von der Molke getrennt und durch milde Hitze erhärtet wurde; es ist der gröbste und kompakteste Teil der Milch, woraus sich leicht schließen läßt, daß daraus ein solides Nahrungsmittel entsteht, das allerdings schwer zu verdauen ist, wenn man zuviel davon ißt.

Es waren die Römer, die den Galliern die Kunst der Käsezubereitung beibrachten; seither hat der Käse seinen Siegeszug angetreten, denn es gibt nur wenige Regionen in Frankreich, die nicht ihre eigene Käsespezialität haben, und es gibt nur wenige feine Tafeln, wo er nicht – in welcher Form auch immer – serviert wird.

Man kann Käse entweder aus entrahmter Milch oder aus Milch mit vollem Fettgehalt herstellen. Im letzteren Fall hat der Käse einen viel besseren Geschmack aufgrund seines Gehaltes an Rahm, dem am höchsten geschätzten Teil der Milch, der besonders reich an öligen Bestandteilen und aromatischem Salz ist. Käse kann man aus der Milch verschiedener Tiere herstellen, doch bedient man sich üblicherweise der Kuhmilch; sie ist von angenehmem Geschmack, sehr nahrhaft, aber schwer verdaulich.

Zum Verzehr soll der Käse weder zu jung noch zu alt sein; zu jung ist er schwer, liegt auf dem Magen und verursacht häufig Blähungen und Durchfall; zu alt erhitzt er wegen seiner großen Schärfe, erzeugt einen üblen Saft, hat einen unangenehmen Geruch und macht den Bauch träge, weil die beträchtliche Fermentierung, die er

KÄSE

durchgemacht hat, ihm die einmal enthaltene Feuchtigkeit entzogen und seine Konsistenz von Anfang an verändert hat.

Es gibt eine beachtliche Anzahl von Käsen, die beliebtesten sind: der Brie, der Holländer, der Gruyère, der Livarot, der Marolles, der Camembert, der Roquefort und der Parmesan; schließlich jene delikaten kleinen Schweizer Käse, die aus echter Sahne sind und die Leckermäuler aufgrund ihres Geschmacks und ihres Aussehens so köstlich finden.

Wir geben hier nicht alle unterschiedlichen Arten an, Käse herzustellen, es ist außerdem bequemer, einfacher und weniger kostspielig, sich bei den Käsehändlern zu versorgen. Wir bringen hier nur die Rezepte derer, die man auf dem Land täglich macht und deren Zubereitung die allereinfachste ist.

Grundsätzlich muß man, um gute Käse zu machen, gute Milch und gutes Lab haben.

Nehmen Sie frisch gemolkene Milch, filtern Sie sie, geben Sie das Lab hinzu, während Sie die Milch mit einem großen Löffel rühren, lassen Sie sie ruhen, bis sie gerinnt; wenn sie dann zu Dickmilch reduziert ist, nehmen Sie sie aus dem Topf heraus und füllen sie in Formen, lassen Sie die Molke abtropfen und stürzen Sie den Käse säuberlich auf einen Teller.

Gewöhnliche Käse. – So werden die genannt, die man mit Lab versetzt, nachdem sie entrahmt wurden; diese Käse gerinnen schneller als die anderen, weil sie nicht so fett sind. Sie bereiten sie auf dieselbe Weise zu wie die vorherigen.

Haltbare Käse. – Sie nehmen warme und frisch gemolkene Mich, geben das aufgelöste Lab hinzu, und wenn es aufgenommen ist, füllen sie die Masse in die Formen, lassen sie abtropfen, salzen die Oberfläche und lassen sie bis zum nächsten Tag ruhen, damit sie fest wird. Drehen Sie den Käse um, geben Sie ihn in ein Abtropfkörbchen, lassen sie ihn fest werden und lassen Sie ihn an der Luft trocknen, bis die Veredelung beginnen soll.

Veredelter Käse. – Wenn der Käse ziemlich trocken ist, taucht man ihn in Salzwasser, hüllt ihn in Ulmen- oder Brennesselblätter, gibt ihn danach zusammen mit anderen in ein Gefäß, damit sie sich gegenseitig feucht halten. Auf diese Weise lassen sich Käse sehr gut verfeinern.

So entstehen aus **einem**

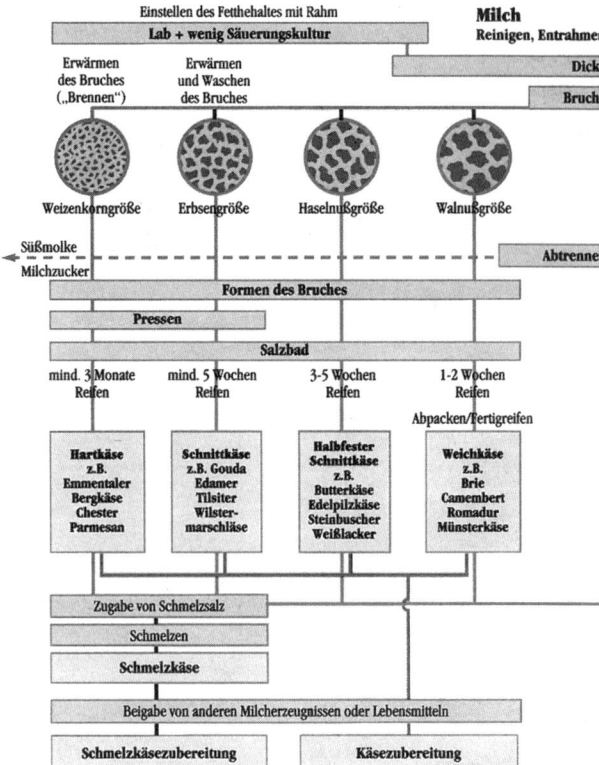

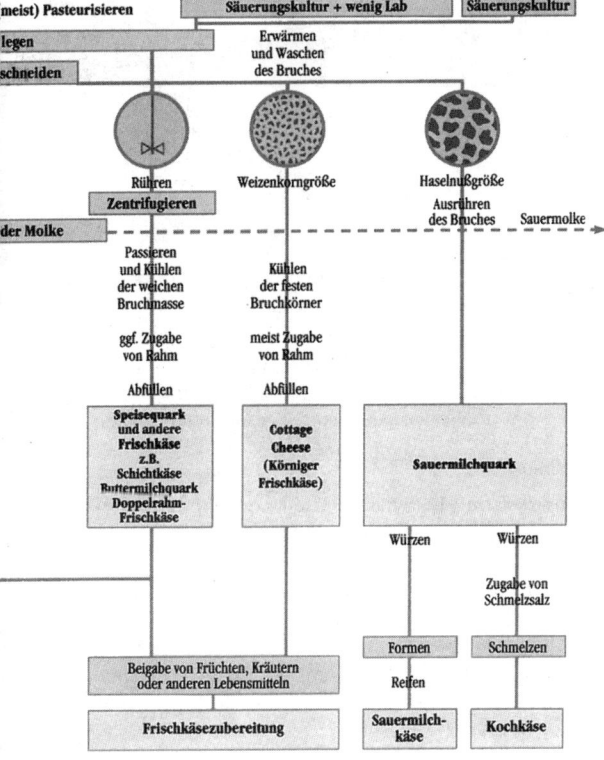

II. ALLES ALTER KÄSE

CHRISTOPH WAGNER

ZWEISTROMKÄSE

In der urgeschichtlichen Sammlung des Londoner »British Museum« befindet sich die älteste bekannte Darstellung der Milchverarbeitung. Wie auf einem langgezogenen Comicstrip wird hier anschaulich geschildert, worauf es dabei ankommt. Die rechte Frieshälfte zeigt Kühe, die von hockenden Männern gemolken werden. Was danach mit der Milch geschieht, erklärt uns die linke Bildhälfte: Sie kommt in eine veritable Molkerei. Dort wird sie von Männern abgeseiht und in einem spitz zulaufenden irdenen Topf zu Butter verarbeitet, wobei die Unterstellung erlaubt sei, daß es sich dabei um eine Art von Topfenbutter, also um einen fetten Frischkäse handelte.

Der in Kalkstein gehauene Fries von El-Obeid darf mit seinen Reliefbildern aus dem dritten Jahrtausend v. Chr. also mit Fug und Recht nicht nur als das erste künstlerisch gestaltete Milch-, sondern auch als Käsedenkmal gelten. Vor etwa 5000 Jahren schmückte er den Tempel der großen sumerischen Muttergöttin Ninchursanga, der »Herrin des Gebirges«, auf die sowohl Hammurabi als auch Nebukadnezar ihre Herkunft zurückführten.

In Mesopotamien wurde dem Käse jedoch nicht nur das älteste Denkmal gesetzt, sondern es wurde ihm auch die älteste schriftliche Erwähnung zuteil. Sie findet sich in der mesopotamischen Mythe von der Werbung um Inanna, der sumerischen Göttin der Liebe und des Krieges. Der göttliche Hirte Dumuzi und der göttliche Landmann Enkimdu streiten sich in dieser Legende um die Hand der schönen Göttin, die man auf alten Darstellungen stets daran erkennt, daß ihrem nackten Rücken ein Strahlenkranz entspringt. Inannas Bruder, der Sonnengott Utu, bevorzugt eindeutig den Hirten und versteht nicht, daß seine Schwester zögert. »Warum, o Jungfrau Inanna«, fragt er, »bist du nicht willens? Seine Butter ist gut, seine Milch ist gut. Alles, was der Hirte hervorbringt, ist prachtvoll.«

Inannas Herz schlägt jedoch für den Bauern. Als der Hirte dies erkennt, versucht er, die Göttin mit allem, was ihm eigen ist, doch noch für sich zu gewinnen: »Worin übertrifft mich denn der Bauer?« fragt er. »Schenkte er mir sein feinstes Bier ein, so gösse ich ihm dafür meine gelbe Milch ein. Gäbe er mir sein weißes Brot, so gäbe ich dem Bauern meinen weißen Topfenkäse mit süßem Honig dafür.«

Inanna scheint sich die Sache dem Vernehmen nach in letzter Sekunde doch noch überlegt zu haben: Sie wählte jedenfalls den Hirten.

Weniger poetisch ist eine andere Erwähnung sumerischer Käsekultur aus der Zeit um 4000 v. Chr. Der offensichtlich zum Bauernstand zählende Schreiber ver-

KÄSE

merkte auf einer Steintafel in Keilschrift, daß im 41. Jahr des Königs Sulgi Käse erzeugt wurde, der nach unserem Maß etwa ein Gewicht von 30 Kilogramm gehabt haben muß.

BIBLISCHER KÄSE

Isai aber sprach zu seinem Sohn David: Nimm für deine Brüder dieses Epha geröstete Körner und diese zehn Brote und lauf ins Heer zu deinen Brüdern, und diese zehn frischen Käse und bringe sie dem Hauptmann und besuche deine Brüder, ob's ihnen wohl gehe, und nimm, was sie dir befehlen.

Das 1. Buch Samuel

Da David gen Mahanaim gekommen war, da brachten Sobi, der Sohn des Nahas von Rabba der Kinder Ammon, und Machir, der Sohn Ammiels von Lo-Dabar, und Barsillai, ein Gileaditer von Roglim, Bettwerk, Becken, irdene Gefäße, Weizen, Gerste, Mehl, geröstete Körner, Bohnen, Linsen, Grütze, Honig, Butter, Schafe und Rinderkäse zu David und zu dem Volk, das bei ihm war, zu essen. Denn sie gedachten: Das Volk wird hungrig, müde und durstig sein in der Wüste.

Das 2. Buch Samuel

Deine Hände haben mich bereitet und gemacht alles, was ich um und um bin; und du wolltest mich verderben?

Gedenke doch, daß du mich aus Lehm gemacht hast; und wirst mich wieder zu Erde machen?

Hast du mich nicht wie Milch hingegossen und wie Käse lassen gerinnen?

Du hast mir Haut und Fleisch angezogen; mit Gebeinen und Adern hast du mich zusammengefügt.

Leben und Wohltat hast du an mir getan, und dein Aufsehen bewahrt meinen Odem.

Das Buch Hiob

PLINIUS d. Ä.

KÄSE IM ALTEN ROM

Zu Rom, wo unmittelbar die Erzeugnisse aller Völker beurteilt werden, lobt man den Käse aus den Provinzen, vor allem den aus Nemausus, den von Lesura und den aus dem Gebiet der Gabalen; aber er hält sich nur kurze Zeit und ist bloß in frischem Zustand zu empfehlen. Die Alpen stellen ihre Futterkräuter durch zwei Arten von Käse unter Beweis: die dalmatinischen Alpen schicken den von Doclea, die keutronischen den von Vatusium.

Noch mehr Sorten liefert der Apennin: aus Ligurien sendet er den Käse aus Ceba, meist aus Schafsmilch bereitet, den sassinatischen aus Umbrien und von dort, wo die Grenze von Etrurien und Ligurien zusammengeht, den Käse von Luna, der durch seine Größe auffallend ist, ja auch in Stücke bis zu tausend Pfund geformt wird; der

KÄSE

nächste bei Rom ist aber der vestinische Käse und er wird aus dem caedicischen Gebiet am meisten geschätzt. Auch die Ziegenherden liefern einen geschätzten Käse, besonders wenn im frischen Zustand sein Geschmack durch Räuchern verbessert wird; ein Käse, wie er in Rom selbst zubereitet wird, ist allen anderen vorzuziehen; denn der aus Gallien kommende hat den starken Geschmack einer Arznei.

Unter den überseeischen Käsesorten jedoch wird der aus Bithynien besonders gerühmt. Daß in den Futterkräutern Salz enthalten ist, auch da, wo es nicht verabreicht wird, läßt sich am besten daraus ersehen, daß jeder Käse, wenn er altert, salzig wird; es ist gewiß, daß er wieder einen frischen Geschmack bekommt, wenn man ihn in Essig und Thymian einweicht. Es wird berichtet, Zoroaster habe zwanzig Jahre in der Wüste von Käse gelebt, der so zubereitet war, daß er nicht alterte.

P. S.: Römischer Beton

Um ihr *opus caementitium* haltbar zu machen, ein Mauerwerk bestehend aus zwei festen Schalen, die mit Gußmörtel und Bruchsteinen gefüllt waren, fügten die Römer eben diesem Gußmörtel tierisches Eiweiß als Bindemittel hinzu, häufig wohl in Form von Quark oder Käse. Und wie man sieht, steht manches Bauwerk nun schon seit über zwei Jahrtausenden.

J. G.

III. KÄSEKULTUREN

Und wenn Sie mal zur Käse-Party einladen wollen, machen Sie es so:
Verschiedene Käsesorten kaufen. Auch ausländische.

Aus einem deutschen Kochbuch, 1982

Nichts ist schwieriger, als über ein Volk zu gebieten, dessen Persönlichkeit sich durch die Tatsache manifestiert, mehr als 500 Käsesorten auf den Markt zu bringen.

Charles de Gaulle

Ein Land, das 325 Käsesorten hat, ist nicht lenkbar.

Winston Churchill über Frankreich

Ein Volk, das 180 Käsesorten hervorbringt, kann nicht im Untergang begriffen sein.

Jean Cocteau

SAINT-AMANT
DER KÄSE

Am Rande eines aufgebockten Fasses
Sitzend mit Leuten meiner Zunft,
Will sagen einer Truppe,
Die nur beim Becher schwört,
Da rülpse ich und rufe aus:
Gepriesen sei der treffliche Bilot.
Hat er uns solchen Käse doch geschenkt,
Dem man die Reverenz erweisen muß.
Gott, welcher rare, köstliche Geschmack,
Daß meine Phantasie vor seinem Wert
Die heilige Ambrosia mißachtet.
O lieblicher, dem Bacchus heil'ger Käse.
Du Cottignac, mit Golde aufzuwiegen.
Ich möchte, daß dein schieres Angedenken
Mich immerzu dem Trunke frönen läßt.

Kniet nieder, ihr verkommnen Kinder,
Ihr teueren Vertrauten meiner Sünden.
Auf und aus vollem Hals gerufen:
Das Land der Brie, es sei gebenedeit.
Gebenedeit ihr wonnevoller Anblick.
Daß man mit Achtung von ihr spreche.
Daß immer ihrer Weiden Fruchtbarkeit
Sturm und Gewitter fernebleiben.
Daß Flora, tragend ihre schöne Zier,
In tausendfacher Liebe sich verschenke
Dem ewig unsterblichen Grün,
Dem Frost, dem fühllos grausamen zum Trotz
Mit seinem eisig düstern Antlitz,

Soll sie in alabasterweißen Armen
Den holden Frühling stets umschlingen,
Den frohen Lenz, der sie so sehr vergöttert.
Wie einstens soll Apoll sich wieder
Der Fackel und der Leier nun entschlagen,
Aufs neue jene Wiesen aufzusuchen
Auf diesem großen blütenreichen Plan.
Er soll in der Gestalt des Rinderhirten
Die Herde hüten, die so lieb uns ist,
Und deren Zitzen strotzend alle Welt
In einem fort mit ihrer Milch beglücken.
Doch damit will ich ihn betrauen,
Daß er auch noch mehr Sorge daran wendet,
Wenn einst er dies aufs neu' beginnen muß,
Als er der Herde des Admet geweiht,
Da jener Schutzpatron der Gauner,
Der, der fünf Haken trägt an Fingers statt,
Und karpfenglatt die Herde damit griff,
Ihn unter einer jungen Ulme
Nach Herzenslust die Flöte blasen lassend,
Die unter dem Martyrium der Verliebtheit
Den großen Pan einst intonieren ließ.

Es heißt, er sei, als er der Täuschung
Erlag, von süßem Traume so umfangen
Gewesen, daß er den Betrug
Noch nicht einmal bemerkte.
Dies ist, scheint mir, ein sonderliches Ding,
Der Blindheit den zu überführen, des
Vornehmste Tugend doch im Licht besteht.
Doch sachte, Muse, du versteigst dich.
Nicht dies ist's, wessen wir bedürfen.

KÄSE

Ich möchte, daß dein Stil sich wandelt,
Um diesen Lobpreis zu vollenden.

Darum wohlauf, noch einen Schluck, Gesellen,
Des guten Bacchus wahre Hätschelkinder,
Auf und aus voller Kehle noch geschrien:
Das Land der Brie, es sei gebenedeit.

Hinweg mit dir da, Pont-Evesque,
Verbirg dich, Mailand, und auch du, Auvergne.
Verdient es doch allein die Brie, daß man
Von ihr den Ruhm in goldnen Lettern kündet.
Mit Gold: dies sag ich mit Bedacht,
Da dieses Käses Farbe seinem Glanz
So recht vergleichbar ist, dem Glanze
Von dem Metall, das ehrt der Mensch und liebt.
Und eben dieser Farbe gleicht sein Gelb.
Doch nicht gilbt dieser Käse aus Verdruß,
Vielmehr lacht er bei jedem Fingerdruck,
Und unter diesem schwitzt er Fett
Aus seinen Grübchen aus. Wie tut er
Mit seiner Tugend der Gesundheit not!
Wie sehr stärkt sie mit Macht
Doch alle Menschen, die von Kräften kamen.
Nichts stellt sie besser her, und nichts
Ist besser, einem Siechtum vorzubeugen,
Wenn man in dieser unheilschweren Zeit
Sich gegen Pestilenzen wappnen will.

Jedoch indes ich rede, schlagen die
Vielfraße sich die Wänste weiter voll
Und möchten, daß die Lust mich überkäme,

Mein ganzes Leben lang zu schwatzen.
Heda, Verfreßne, wartet doch auf mich.
Glaubt ihr, mit einem königlichen Mahl
Soll man so umgehn, wie jetzt ihr es tut,
Da ihr der Gier die Zügel schießen laßt?
Ein Stück davon ist wohl einen Dukaten,
Ja gut sechs Gläser Muskateller wert.
Und eure Zähne haben keine Scham,
Davon so wenig Wesens nur zu machen?

Bilot, der mich damit versehen hat,
Ei warum ist er nicht unendlich denn
In der Substanz, wie er
In der Vollendung seiner Form es war?
Warum muß immer kleiner er geraten,
Nimmt ab als Mond, um sich zum Halbmond
Zu schmälern, der ganz sacht dem Blick,
Durch eine Wolke schon verfinstert, sich entrückt?
Du, der du als Wahrsager dich gebärdest,
Sag, glaubst du, daß solch eine Götterspeise
Von einer simplen Kuh herrühren mag?
Nein, solches läßt sich kaum ersinnen.

Ich glaube für mein Teil, sie ist
Gewonnen aus der Quintessenz der Milch,
Die von der Io man gemolken, als
Sie nach der Gunst des Zeus verwunschen ward.
Ihr Kerle, dieses zu versichern,
Ich würde einen Schwur darum nicht scheun,
Denn es erscheint mir ganz unweigerlich,
Daß seine Reife mir dies schon erweist.

KÄSE

> O Cottignac, des Bacchus süßer Käse,
> O Cottignac, so viele Taler wert,
> Ich will, daß schon dein Angedenken
> Zum Trunke mich für alle Zeiten reizt.

TARTE AU BLEU D'AUVERGNE

300 g	Mehl
70 g	Butter
3	Eier
200 ml	Milch
1 EL	Butter
150 g	geräucherter Bauchspeck
150 g	Bleu d'Auvergne
50 g	Walnüsse
	frisch gemahlener Pfeffer

In einer Schüssel das Mehl mit der schaumig gerührten Butter vermischen. Nach und nach die Eier mit einem Holzlöffel unterrühren. Pfeffern, aber nicht salzen, da Käse und Speck bereits genügend Salz enthalten. Langsam die Milch unterrühren, bis eine homogene Masse entsteht. Den Teig ruhen lassen.

Den Speck würfeln und in einer Pfanne in einem Eßlöffel Butter knusprig braten. Abtropfen lassen.

Den Käse mit Hilfe einer Gabel zerdrücken und zusammen mit den gehackten Nüssen und den abgekühlten Speckwürfeln unter den Teig kneten.

Eine Kuchen- oder Tarteform von 24 cm Durchmesser einfetten und dann mit dem Teig füllen.

Im vorgeheizten Ofen etwa eine Stunde oder etwas länger bei 180 °C backen. Noch warm als Vorspeise oder mit Salat als Imbiß servieren.

FRANZ MICHAEL FELDER
DAS LEBEN AUF DER ALPE

Unser Älpelein ernährte im Sommer mehr als 36 Kühe und wurde vom Vater und seinen Geschwistern, früher schon vom Großvater, besetzt. Man hatte lang suchen müssen, bis man für die Hütte einen Platz fand, welcher im Winter vor Lawinen so ziemlich sicher war. Diese Hütte bestand hauptsächlich nur aus den Stallungen für die 36 Kühe und ebensoviele Ziegen; dann ferner aus einer kleinen Wohnstube und der Sennerei.

Sennerinnen gibt es im inneren Bregenzerwalde keine. Unsere Alpen sind meistens zu groß, als daß die viele Milch von einem Mädchen gesennt – zu Käsen mit 50 bis 70 Pfund verarbeitet werden könnte. Solange die Milchwirtschaft noch auf der untersten Stufe stand und man nur kleine Appenzellerkäse zu bereiten wußte, konnte das auch hier rüstigen Mädchen überlassen werden; der vorteilhafteren Fettsennerei würden die wenigsten gewachsen sein.

Auf der Alp gleicht so ziemlich ein Tag dem anderen und jeder bringt Arbeit genug. Man muß schon vor der Sonne aufstehen, aber man hat den Vorteil, daß man das Verschlafen nicht besorgen darf. Die Betten, oder besser die Nester, sind auf dem Heustock, welchen man – da es hier auch im Sommer oft so schneit, daß man alles Vieh

KÄSE

füttern muß – nie zu klein werden läßt. Er ist hart unterm Schindeldach ob dem Stall. Da darf man jeden Morgen ruhig liegen, bis die Kühe zu kratzen, zu schellen und zu muhen beginnen, daß man es nicht mehr länger aushielte, sondern sie gern gleich auf die Weide zu treiben eilt. Der Küher und seine Gehilfen haben auf die Tiere acht zu geben, während der Senn die Käsebereitung besorgt. Der Pfister hat die Ziegen zu melken und auf sie acht zu geben, daß er dieselben am Abende rechtzeitig heimbringt. Eigentlich sollte er sie den ganzen Tag hüten; in der Regel jedoch machens die Hirten benachbarter Alpen schon am Anfang des Sommers miteinander ab, daß sie es in dem Stücke nicht gar zu genau nehmen wollen. In unserer Nachbarschaft waren zwei Galt-Alpen, nämlich solche, in denen nur Galt-Vieh, welches keine Milch gibt, Zug- und Mastvieh gehalten wurde. Da gab es natürlich nichts zu sennen und ich machte mich daher in den ersten Tagen mit einem Butterstollen* und einem großmächtigen Ziegerkopf** über die Jöcher zu den Galthirten auf, um die erwähnte Vereinbarung mit ihnen zu treffen. Leichten Herzens, leichten Sackes und mit der Hoffnung, im Herbst einen Gemsenbraten als Gegengeschenk zu erhalten, kam ich abends wieder in unsere Hütte zurück. Den Tag über hätte ich nun meine Herde gehen lassen dürfen, wenn mir nicht schon das Heimholen derselben Sorge gemacht hätte, sobald ich sie am Morgen aus dem Auge verlor. Man erzählte mir früher: auf der Alp spuke der Geist eines pflichtvergessenen Kühers. Dieser treibe einem die gesuchten Tiere

* Großes Stück Butter
** Quarkkäse.

KÄSEKULTUREN

entgegen, wenn man für ihn bete. In früheren Jahren, wenn ich einmal eine Woche auf der Alp war, hatte ich das immer redlich getan. Jetzt glaubte ich so etwas nicht mehr, begann aber dafür die Tiere so gut und schonend als möglich zu behandeln. Das hatte denn auch besseren Erfolg als früher alles Beten. Sobald die Ziegen meine Stimme hörten, sprangen sie mir entgegen, und jede wollte sich zuerst von mir streicheln und loben lassen. Ich hatte allen ihre eigenen Namen gegeben und verkehrte immer lieber mit ihnen, je besser wir uns gegenseitig kennen lernten.

Bis ich meine Herde gemolken hatte, ging es auch im Kuhstall wieder an, wo man wenigstens zwei Stunden zu tun hatte. Hernach wollte man gewöhnlich lieber gleich auf den Heustock, als vorher noch kochen und essen. Jeder langte nach dem Weihwasser im Kuhhorn, welches statt einem Krüglein am Türpfosten aufgenagelt

KÄSE

war, bekreuzigte sich im Gehen, ließ die schweren Holzschuhe im Stall zurück und machte sich oben so gut als möglich mit Heu ein. Abwechslung kam in dieses Einerlei nur durch das Erkranken einer Kuh oder das Mißraten eines Käses. Etwas Leben brachten auch die Bettler, welche uns besuchten. Sie berichteten Neuigkeiten aus drei Dörfern und mehr als hundert Alpen, wofür sie reichlich mit Butter beschenkt wurden.

Franz Michael Felder (1839–1869) wurde in Schoppernau im Bregenzerwald geboren, wo er auch aufwuchs und zeit seines kurzen Lebens wirkte. Er war nicht nur Landwirt und Heimatschriftsteller. Bekannt wurde er vor allem durch sein sozialreformerisches Engagement. So ist es ihm zu verdanken, daß im Jahr 1866 mit der Gründung des »Ersten Käsehandlungsvereines« der Genossenschaftsgedanke in Vorarlberg Einzug hielt.

JOHANNA SPYRI
HEIDI BEIM GROSSVATER

»Ich meine, wir könnten erst einmal etwas essen«, sagte der Großvater, »oder was meinst du?« Heidi hatte über dem Eifer des Bettens alles andere vergessen; nun ihm aber der Gedanke ans Essen kam, stieg ein großer Hunger in ihm auf, denn es hatte auch heute noch gar nichts bekommen als früh am Morgen sein Stück Brot und ein paar Schlucke dünnen Kaffee, und nachher hatte es die lange Reise gemacht. So sagte Heidi ganz zustimmend: »Ja, ich meine es auch.«

»So geh hinunter, wenn wir denn einig sind«, sagte der Alte und folgte dem Kind auf dem Fuß nach. Dann ging er zum Kessel hin, schob den großen weg und drehte den kleinen heran, der an der Kette hing, setzte sich auf den hölzernen Dreifuß mit dem runden Sitz davor hin und blies ein helles Feuer an. Im Kessel fing es an zu sieden, und unten hielt der Alte an einer langen Eisengabel ein großes Stück Käse über das Feuer und drehte es hin und her, bis es auf allen Seiten goldgelb war. Heidi hatte mit gespannter Aufmerksamkeit zugesehen; jetzt mußte ihm etwas Neues in den Sinn gekommen sein; auf einmal sprang es weg und an den Schrank und von da hin und her. Jetzt kam der Großvater mit einem Topf und dem Käsebraten an der Gabel zum Tisch heran; da lag schon das runde Brot darauf und zwei Teller und zwei Messer, alles schön geordnet, denn das Heidi hatte alles im Schrank gut wahrgenommen und wußte, daß man das alles nun gleich zum Essen brauchen werde.

»So, das ist recht, daß du selbst etwas ausdenkst«, sagte der Großvater und legte den Braten auf das Brot als Unterlage; »aber es fehlt noch etwas auf dem Tisch.«

Heidi sah, wie einladend es aus dem Topf hervordampfte, und sprang schnell wieder an den Schrank. Da stand aber nur ein einziges Schüsselchen. Heidi war nicht lang in Verlegenheit, dort hinten standen zwei Gläser; augenblicklich kam das Kind zurück und stellte Schüsselchen und Glas auf den Tisch.

»Recht so, du weißt dir zu helfen; aber wo willst du sitzen?« Auf dem einzigen Stuhl saß der Großvater selbst. Heidi schoß pfeilschnell zum Herd hin, brachte den kleinen Dreifuß zurück und setzte sich drauf.

KÄSE

»Einen Sitz hast du wenigstens, das ist wahr, nur ein wenig weit unten«, sagte der Großvater; »aber von meinem Stuhl wärst auch zu kurz, auf den Tisch zu langen; jetzt mußt aber einmal etwas haben, so komm!« Damit stand er auf, füllte das Schüsselchen mit Milch, stellte es auf den Stuhl und rückte ihn ganz nah an den Dreifuß hin, so daß das Heidi nun einen Tisch vor sich hatte. Der Großvater legte ein großes Stück Brot und ein Stück von dem goldenen Käse darauf und sagte: »Jetzt iß!« Er selbst setzte sich nun auf die Ecke des Tisches und begann sein Mittagsmahl. Heidi ergriff sein Schüsselchen und trank und trank ohne Aufenthalt, denn der ganze Durst seiner langen Reise war ihm wieder aufgestiegen. Jetzt tat es einen langen Atemzug, denn im Eifer des Trinkens hatte es lange den Atem nicht holen können, und stellte sein Schüsselchen hin.

»Schmeckt dir die Milch?« fragte der Großvater.

»Ich habe noch gar nie so gute Milch getrunken«, antwortete Heidi.

»So mußt du mehr haben«, und der Großvater füllte das Schüsselchen noch einmal bis oben hin und stellte es vor das Kind, das vergnüglich in sein Brot biß und dann von dem weichen Käse darauf strich, denn der war, so gebraten, weich wie Butter, und das schmeckte ganz kräftig zusammen, und zwischendurch trank es seine Milch und sah sehr vergnüglich aus.

MI VATTER ISCHT A APPEZEALLER

Mi Vat-ter ischt a Ap-pe-zeal-ler, tri-a ri-a tri-dli-a,
er ißt de Käs mit samt dem Tel-ler, tri-a ri-a ra.
Tri-ri-a tri-dli-a, tri-a ri-a ral-la-la,
tri-ri-a tri-dli-a, tri-ri tri-dli tri-la!

JEREMIAS GOTTHELF
NATURGESCHICHTE DER KÄSEREIEN

Vor alten Zeiten, das heißt vor etwas mehr als dreißig Jahren (unsere Zeit, wo man alle Tage was Neues will, um morgen es rein zu vergessen, läuft auf gar raschen Beinen, man wird in einem Tage alt, geschweige in dreißig Jahren), käsete man bloß auf den Alpen den Sommer durch, solange das Vieh zur Weide ging; zog im Herbst der Küher zu Tale und fütterte er bei einem oder einigen großen Bauern seine sechzig bis achtzig Kühe, so machte er wohl auch einige Käslein für den Hausbrauch oder für einen Wirt, der durch recht räßen Käs seinen sauern Steffisburger versüßen wollte. In allen Landesteilen machte man auf den daselbst gelegenen Alpen eine eigentümliche Käseart von Ur-Ur-Ur-Vater her und glaubte diese Käseart durch den Boden und die darauf wachsenden Kräuter bedingt. In den Tälern machte man keine Käse, man glaubte die Grasarten der Täler dazu untauglich; bloß hie und da wurde eine kecke Hausfrau, deren Großmutter eine Küherstochter gewesen, durch die Familienanlage dazu getrieben, oder ein vermessener Bauer tanggelte einen zweg für einen ruchlosen Pintenwirt, dem am Leben seiner Gäste wenig gelegen war. Daß man überall käsen, im Siebental Emmentaler Käs machen könne, daß vom Käser so viel abhänge als von der Alp, daran dachte man nicht.

Schon sehr lange wurde Schweizerkäs ausgeführt als eigentlicher Luxusartikel, und als Luxusartikel gilt er im Lande selbst, und ein eigentliches Fest ist es für Herrenkinder zum Beispiel, wenn sie einmal zu Käs kommen, und doch wird im Lande selbst der mindere Käs gegessen, der beste ausgeführt. Der gute Käs von Oberländer, Emmentaler, ja Greyerzer Alpen, welcher nach Rußland und Deutschland ausgeführt wird, heißt Emmentaler Käs. Fordert man in Deutschland Käs, so fragen die gnädigen Herren Kellner zumeist, ob man Emmentaler oder nur Schweizerkäs wolle? Wahrscheinlich waren es Emmentaler Handelshäuser, welche dieses Fabrikat zuerst auf den Markt brachten und es daher auch tauften. Dagegen heißt aller gute Käs, welcher nach Frankreich geht, Greyerzer, komme er, woher er wolle, und wahrscheinlich aus dem gleichen Grunde.

[...] Nun hat der liebe Gott dem Menschen einen Verstand gegeben, welcher in jeder Not, sei es in einer des

Mangels oder des Überflusses, eine Abhülfe sucht wie eine Maus in der Falle ein Loch zum Entrinnen. Man kam auf den Gedanken, ob die Milch von Kühen, welche mit Gras in Ställen gefüttert würden, nicht ebensogut zum Käsen tauge als die Milch von Kühen, welche auf Alpen zur Weide gingen. Da Gedanken unsichtbar sind, so kann man nicht sagen, wem er zuerst kam. Es ist übrigens ein Wunderbares mit den Gedanken, und der Ausdruck »Es k a m mir ein Gedanke« herrlich. Es ist mit den Gedanken wie mit den Winden: wer kann mir sagen, woher sie kommen, und wohin sie gehen?

Oberst Rudolf von Effinger von Wildegg, Bauer, Soldat, Aristokrat, Oberamtmann, Ratsherr, schön und stark von Gesicht und Gestalt, in Gesetzen und Theorien nicht sonderlich bewandert, aber praktisch durch und durch, kurz, ein Berner vom reinsten Korn, errichtete die erste Käserei zu Kiesen, wo er Gutsbesitzer und auch Oberamtmann war, und die zweite zu Wangen, wohin er als Oberamtmann versetzt wurde; Käsereien waren ihm Herzenssache. Dies geschah im Anfange der zwanziger Jahre. Wie üblich im Bernbiet, wo man ehedem nicht auf jede neue Rarheit versessen war, betrachtete man anfangs die Sache mit großem Mißtrauen, es fand sich wenig Nachahmung. Mit gerümpften Nasen ging man um die in Käsereien gemachten Käse herum und tat, als ob man ihren Geruch kaum ertragen möge. Die Händler gaben zu, daß die Dinger aussähen wie Käs, seien aber doch nicht Käs, könnten nicht in den eigentlichen Handel gebracht werden, wolle man nicht Ruf und Kredit der Emmentaler Käse gefährden in alle Ewigkeit hinaus; sie seien höchstens gut für Buchiberger, deren Hälser an siebenjähriger Ankenmilch erhärtet seien, oder für Züri-

KÄSE

bieter, die ihren Wein überstanden und ihr Leben bis in die zwanziger Jahre gebracht.

Indessen die Käshändler sind sozusagen auch Menschen und dazu eben nicht dumm. Sie meinten nicht, daß man das, was man aushöhne, als könnte man Misthaufen und Jauchelöcher vergiften damit, ja selbst junge Zürcher unter zwanzig Jahren, ganz von der Hand weisen müsse, wenn irgendwie Vorteil daraus zu ziehen sei. Sie bohrten hier und da mit ihren Instrumenten einen der Käse vorsichtig an, betrachteten, ob er Löcher hätte, kosteten unter schrecklichen Gebärden ein kleines Stücklein, spuckten es dann klafterweit vom Leibe, liefen eilends zum nächsten Brunnen, um das Leben zu retten, und überließen den Käsbauern die Mühe, den Zapfen sorgfältig wieder ins Loch zu schieben. Um die Käse zu probieren, bohrt man nämlich einen Zapfen heraus, an demselben sieht man Farbe und Löcher, die Spitze haut man ab und versucht den Geschmack, den Rest stößt man wieder ins Loch, so daß der Käs wieder ganz wird. Die Käsehändler haben ihre eigenen Bohrer und bohren, wo sie wollen, denn sie kennen den Kniff gar zu gut, in magern Käse Löcher zu bohren, sie dann mit Zapfen von fettem Käse auszufüllen, beim Verkauf dann mit kundiger Hand die fetten Zapfen aus den magern Käsen zu ziehen und sie auf diese Weise für fett zu verkaufen, wie es von den mit Käs im Lande Herumhausierenden oft zu geschehen pflegt. Hier und da nahmen sie fast wie um Gottes willen und um schlechten Preis einzelne Käse ab, etwas wurde mit Angst und Not Wirten im Lande abgesetzt, den Rest konnte man selbst essen.

Die Käshändler machten nach und nach die Erfahrung, daß auch die feinsten Berliner und Petersburger

Nasen den Unterschied zwischen Alpen- und Talkäs nicht merkten, daß der Käsereikäs ohne Kreditschwächung prächtig ins Ausland zu gebrauchen sei. Sie ließen es sich nicht merken, taten spröde, rümpften die Nase über solchen Käs wie siebenzehnjährige Mädchen über einen siebenzigjährigen hagern Hagestolz, aber sie taten doch immer mehr dr Gottswillen, das heißt, sie kauften immer mehr solchen Käs so wohlfeil als möglich und suchten unterderhand für die vermehrte Produktion größern, erweiterten Absatz. Ihre Reisenden besuchten nicht mehr bloß die großen Hauptstädte und in denselben die berühmtesten Gasthöfe und Restaurationen, wo nichts zu haben ist als Austern, Champagner und Emmentaler, sondern sie hielten sich zuweilen auch in geringern Städten und Städtchen auf, in Darmstadt zum Beispiel, in Magdeburg, in Nürnberg und Leipzig, und verschmähten Wirtshäuser und Speisewirtschaften zweiten und selbst dritten Ranges nicht. Die Wirte legten sich Emmentaler als Luxusartikel bei wie bei uns Wirtinnen Sofa und Spiegel und lockten damit Gäste, wie man die Krebse zieht mit Rinderleber. [...]

Ob noch jetzt ein Unterschied besteht zwischen Alpen- und Talkäs, ist so genau nicht bekannt, wenigstens spricht man bloß davon: die Käse in den sogenannten Dörfern, das heißt im flachen, großen Aartale, wo meist Kunstgras gefüttert wird, seien nicht so gut als die aus den Käsereien mehr den Bergen zu, wo der größte Teil der Fütterung Naturgras ist. Jedenfalls wird kaum ein Moskowite den Unterschied merken und prächtig an seinem Emmentaler leben, komme er nun von den Siebentaler Bergen oder aus einem Lehmloch oder gar vom Schüpfenmoos.

NEUENBURGER FONDUE

Für 4 Personen

200 g	Emmentaler, grob gerieben
400 g	Greyerzer, grob gerieben
1	Knoblauchzehe
¼ l	trockener Weißwein (am besten ein Fendant)
1 EL	Zitronensaft
1 Gläschen	Kirschwasser
etwa 1 kg	Baguette, in Würfel geschnitten

Das Caquelon (Fonduetopf) mit der Knoblauchzehe ausreiben und den Wein (es kann auch etwas mehr sein als angegeben) hineingießen. Auf der Herdplatte vorwärmen. Erst den Zitronensaft und dann den Käse in den Wein geben, damit sich Wein und Käse besser miteinander verbinden. Nun alles unter ständigem Rühren bei guter Hitze auf der Herdplatte aufkochen. Sobald das Fondue geschmolzen ist, den Kirsch dazugeben. Wer will, kann vorher einen gehäuften Teelöffel Stärkemehl im Schnaps auflösen, das Fondue bindet dann besser. Mit Muskat und Pfeffer würzen.

Das Caquelon nun auf das Tischréchaud stellen. Brotstücke aufspießen, in das Käsefondue tauchen und genießen. – Vorsicht, heiß!

Und nicht vergessen: Wer sein Brotstück verliert, sollte einmal umrühren. So bleibt das Fondue cremig bis zum Schluß. Andere Variante (nicht jedem zu empfehlen): Für jedes verlorene Brotstück muß der Verlierer ein Gläschen Kirsch in einem Zug leeren.

KÄSEKULTUREN

Floris Claesz. van Dyck:
Schautafel mit Käsestücken und Früchten

HELMUT HETZEL

DER ALKMAARER KÄSEMARKT

Jedes Jahr strömen sie wieder herbei, die schaulustigen Scharen, um der traditionellen niederländischen Käsezeremonie live beizuwohnen. Das Spektakel spielt sich jeden Freitag von Mitte April bis Mitte September zwischen 10 und 12 Uhr auf dem Waagplein ab. Es ist ein folkloristisches Schauspiel mit magnetisierender Wirkung, bekannt im In- und Ausland. Dieses Schauspiel war es wohl, das maßgeblich dazu beigetragen hat, daß »Holland und Käse« als feststehendes Begriffspaar in den Köpfen der meisten Nichtniederländer festsitzt.

Die Akteure des Geschehens sind: die Käseträger, die

KÄSE

Zuschauer und der zu verhandelnde Käse. Die Gilde der Käseträger ist in vier Gruppen unterteilt. Jede mit eigenen, buntgelackten Hüten, jede mit ihren eigenen Farben: grün, blau, rot und gelb. Wann genau diese Art und Weise des Käseverkaufens und -transportierens entstanden ist, läßt sich heute nicht mehr nachweisen. Dessenungeachtet aber feierten die Mitglieder der Käseträgergilde 1972 einfach ihr 350jähriges Bestehen.

Die Gilde war früher streng organisiert und hierarchisch gegliedert. Aus den nachlesbaren Benimmregeln des Jahres 1751 geht hervor: Fluchen verboten! Und für das Zuspätkommen zur Arbeit, auch wenn es nur wenige Minuten waren, setzte es saftige Geldstrafen. Das ist heute natürlich vorbei. Geblieben jedoch ist das traditionelle Verkaufsritual. Elegant und lässig, lebendige Zeugen einer vergangenen Epoche, schaukeln auch heute noch die Käseträger mit viel Kraft und Schwung die runden Käseräder »Gouda« oder leuchtend roten »Edamer« auf ihren schlittenähnlichen Holzgestellen zur historischen Waage. Ein traditioneller Wiegeakt mit alten Hüten und frischem Käse.

Die nordholländische Stadt Alkmaar war im 16. und 17. Jahrhundert nicht nur als Käsemarkt bedeutend, sondern auch als Hauptumschlagplatz für Tulpenzwiebeln und Salz. Bis zu Beginn dieses Jahrhunderts konnte die Stadt ihre ökonomische Stellung als der Käsemarkt Hollands behaupten; mit dem Entstehen der industriellen Käseproduktion allerdings verlor auch der Alkmaarer Käsemarkt mehr und mehr an Bedeutung. Heute werden dort noch jeden Freitag rund 25 000 Kilo Käse gehandelt. Vor siebzig Jahren waren es noch 60 000 Kilo. Der »Boerenkaas«, der von jedem Erzeugerbauernhof

KÄSE

auch immer die eigene, unverwechselbare Geschmacksnote mitbekommt, wurde durch den Fabrikkäse, dessen Aroma weitgehend auf den Massengeschmack abgestimmt ist, mehr und mehr vom Markt gedrängt. Als touristische Attraktion jedoch ist die Anziehungskraft des Alkmaarer Käsemarktes ungebrochen, seine Faszination lebendig wie eh und je. Dicht gedrängt warten die Neugierigen, verfolgen mit staunenden Augen das für sie hier extra auf diese alte Art und Weise inszenierte Käsetheater. In Alkmaar wird vor vollen Rängen eine heile holländische Welt zelebriert, eine vergnügliche Mischung aus Kultur und Kommerz. Apropos Geld. Als im Jahr 1966 übereinstimmend alle 23 Gildenmitglieder der Käseträger in einer solidarischen Aktion auf einen Schlag kündigten, weil die Gemeinde Alkmaar ihnen keine 50prozentige Lohnerhöhung zubilligen wollte, war ganz Holland in hellem Aufruhr. Die Niederlande ohne Alkmaarer Käsemarkt – unmöglich! Im Nu stieg der Käsestreit in Alkmaar zum Top-Thema der in- und ausländischen Presse auf. Beide Tarifkontrahenten trieben ein touristisches Pokerspiel. Dann konnten sich die streikenden Gildenmitglieder und die Gemeinde Alkmaar endlich einigen und sich anschließend die Hände reiben: Läppische fünf Gulden pro Tag betrug die Gehaltserhöhung der Käseträger. Alkmaar und sein Käsemarkt jedoch hatten in diesem Jahr so viele Besucher wie noch nie. Public Relations à la hollandaise …

ALBERTO SAVINIO
DAS KÄSEORCHESTER

Die Grundlage der Mailänder Essenskultur ist der Käse. Ein Zeichen, wie althergebracht und natürlich diese Kultur ist. Milch und Milchprodukte nährten die ersten Menschengruppen, denen eine größere und ruhmreichere Entwicklung vorherbestimmt war, oder besser gesagt, »stillten« sie. Den königlichen Charakter der alten Käsekulturen bezeugt das Wort Tyrann, das ursprünglich Käser bedeutete und die Würde dessen bezeichnete, der als Häuptling des Hirtenstammes den Käse verwahrte. Der Chinese hält die Ernährung mit Milch über das zweite Lebensjahr hinaus für absurd, und das ist sie auch tatsächlich, sofern man die Naturgesetze in engem Sinn und wortwörtlich auslegt. Aber die Chinesen haben etwas Dürres und Trockenes an sich. Das welke Gelb ihrer Haut beweist nur zu gut, daß die fette weiße Milch allzu früh aufgehört hat, in ihren Adern zu fließen. Aufgrund einer eigenartigen Form von Chinophilie ist bei manchen Intellektuellen der antigalaktische Snobismus verbreitet. Dieser Snobismus entspringt einer ausdrücklichen Feindschaft gegenüber allen natürlichen Dingen. Der antigalaktische Snobismus geht Hand in Hand mit einer ausdrücklichen Antipathie für Kinder und einer betonten Sympathie für sterile Liebe. Als Gegenstück dazu kenne ich einen Maler, der bis ins Alter von zehn Jahren von seiner Mama gestillt wurde. Er ging zur Schule, führte im übrigen ein ganz normales Leben, mit der einzigen Ausnahme, daß er zwischen den Mahlzeiten hin und wieder an die Brust gelegt wurde. Er ist ein klassizistischer Maler, und vielleicht ist seine Sehnsucht nach Arkadien eine Folge dieses langen Gestilltwerdens.

Der Parmesan ist ein Basiskäse. Er ist in der Käsefamilie, was der Kontrabaß in der Familie der Saiteninstrumente ist. Auf den Grundton im tiefen, väterlichen Baß des Parmesan stützen sich die leichteren Mitglieder des Käsequartetts: Taleggio und Crescenza, die Bratschen und Altstimmen der Familie, die Schar der Robiola und Stracchino (der Stracchino: ein »müder« Käse, der wie ein Mädchen in der Pubertät auf dem Teller »umsinkt«), zu ihnen gesellt sich der Kleinkram der hohen Töne, die zarten Flöten- und Pikkolokollegen, der kleine, weiße Montevecchiakäse, der, winzig, untersetzt und mit Pfefferaugen versetzt, in einem grünen Ölsee weicht.

Stella Alpina ist ein jungfräulicher Käse im Kleid einer Erstkommunikantin. Was den Mascarpone anbelangt, diesen Kompromiß zwischen Butter und Rahm, so ist er der Kapaun unter den Käsesorten: ein fetter Eunuch, der um der Wollust willen auf die Wollust verzichtet.

Es versteht sich von selbst, daß im Quartett des Käseorchesters der Gruyères das Violoncello spielt. In Siena heißt der Gruyères Emmentaler, denn man weiß dort nicht, daß Emmentaler und Gruyères ein und dasselbe sind. Gino, der berühmte Gastwirt auf der Via Calzoleria, antwortete auf meine Bitte um ein Stück Gruyères zum Abschluß des Mahles, er könne mir auf sein Ehrenwort den Gruyères nicht geben, »denn die Zeit des Gruyères ist bereits vorbei«; zum Ausgleich empfahl er mir jedoch einen erstklassigen Emmentaler. Wie viele Konflikte entstehen doch aus verschiedenen Auffassungen ein und desselben Wortes …

Der Parmesan ist schwer, robust, zuverlässig. Seine

Form eines Lastwagenrades unterstreicht den ihm eigenen soliden Geschmack. Er ist der Riese Morgante unter den Käsen.

Der Parmesan ist kein Einzelkind. Er hat zwei Brüder: den Reggiano und den Lodigiano – drei Giganten des Käsewesens. Man bewundere die hieratische Anordnung dieser Käsedreifaltigkeit. Drei ernsthafte Brüder, die in kurzem Abstand voneinander auf derselben alten Römerstraße angesiedelt sind, in Nord-Süd-Richtung, und jeder »stützt sich« auf eine starke Stadt, wie die Armee auf ihren Stützpunkt: der Lodigiano auf Lodi, der Reggiano auf Reggio Emilia, der Parmesan auf Parma.

Bald werden die drei Brüder jedoch nur mehr zu zweit sein: Der Lodigiano verschwindet allmählich. Bricht man mit dem kurzen, dreieckigen Messer die Haut eines der letzten Exemplare dieses illustren und prädestinierten Käses auf, findet man in seinem porösen und kavernösen Inneren eine duftende Stalaktitenlandschaft: feuchte Münder von Alveolen, weshalb diesem Patriarchen der Käsesorten nachgesagt wird, er hätte »Tropfen in seinem Inneren«. Aber kann man die äußere Hülle dieses eichenen Käses als Schale bezeichnen, sollte man sie nicht besser Rinde nennen?

Auch der Niedergang der Käsesorten hat bereits begonnen, denn auch sie – *horribile dictu!* – werden serienmäßig hergestellt. Einer der wenigen, die noch die Reinheit der »blauen Milch« beibehalten, ist der Cademàrtori. In Frankreich wurde der Erfinderin des Camembert ein Denkmal errichtet. Aber wer hat den Cademàrtori erfunden?

Der Gorgonzola ist ein erwachsener Käse. In seiner Jugend heißt er Panerone: ein Name, der eigentlich nicht paßt für ein Kind und darüber hinaus den Nachteil hat, an den Namen des Amateurastronomen Paneroni zu erinnern, der auf die Mailänder Hausmauern schrieb, außer ihm seien alle Astronomen Esel. Trotzdem bezeichnet das Lexikon diesen so männlich potenten Käse als *la* (die) Gorgonzola. Der Panerone, beziehungsweise der kleine Gorgonzola ist weiß und fett, delikat und feucht wie der Gaumen eines jungen Kälbchens. Der Panerone ist ein Käse vor der Geschlechtsreife, sofern man die Fermentation als Geschlechtsreife verstehen darf. Zwischen einem Panerone und einem Gorgonzola besteht derselbe Unterschied wie zwischen einer bartlosen und einer bärtigen Wange. Der Panerone ist der Gorgonzola, der in den Käsereien der Voralpen noch nicht zum Gären gebracht worden ist, ein Vorgang, dem dort manchmal mit künstlichen Mitteln nachgeholfen wird.

Con queso y vino se hace el camino.
Mit Käse und Wein geht man querfeldein.

Spanisches Sprichwort

MIGUEL DE CERVANTES
DULCINEAS FREIGEBIGKEIT

»Soweit geht alles gut«, sprach Don Quijote. »Aber sage mir, welch ein Kleinod hat sie dir, da sie dich verabschiedete, für die Nachricht geschenkt, die du ihr von mir brachtest? Denn unter Rittern und Damen von der fahrenden Zunft ist es bräuchliche, alte Sitte, den Knappen, Zofen oder Zwergen, die den Rittern Nachricht von den Damen und diesen von ihren fahrenden Helden bringen, irgendein köstlich Kleinod zum Lohn zu verehren als Dank für ihre Botschaft.«

»Das mag wohl so sein, und ich halte es für einen löblichen Brauch, allein das kann nur in vergangenen Zeiten so gewesen sein. Jetzt muß es nur Sitte sein, ein Stück Brot und Käse zu verehren; denn das war es, was mir das Fräulein Dulcinea über die Hofmauer hinüberreichte, als ich mich von ihr verabschiedete; ja, zum genaueren Wahrzeichen war es geringer Schafkäse.«

FRANCISCO GARCÍA PAVÓN
DER MANCHEGOKÄSE

Tante Rosario und eine recht zimperliche Frau, die immer mit ihr zusammen war, kamen gerade, als meine Großeltern und ich zum Abschluß des Abendessens den in Öl eingelegten Tomellosokäse aßen, der jedes Jahr in jenem Hause zubereitet wurde und der in diesem Jahr so gut gelungen war, genau richtig, was Öl und Würze anbelangte, daß Großvater beim Kauen vor lauter Wohlbehagen die Augen verdrehte und mit dem Schnurrbart wackelte.

Großmutter fragte die beiden halbherzig, wie immer, wenn sie etwas anbot, ob sie zu Abend essen wollten »oder wenigstens etwas trinken«. Sie schüttelte den Kopf.

Josefa, das Hausmädchen, ließ nach dem Abtragen, weil Großvater das so mochte, den Käse auf dem Tisch;

KÄSE

sie setzte sich zu uns und verschränkte die Arme über den Brüsten, die, wie die Leute sagten »ganz schön hingen, aber mit einem Drall nach oben«.

Großvaters Zigarre war bereits zur Hälfte abgebrannt, als völlige Stille eintrat. Aller Augen waren starr auf den Käse gerichtet, der ölglänzend und saftig auf dem Tisch thronte.

»Ach, Jesus!« seufzte plötzlich Tante Rosario und schaute den Käse an, als sei er eine Erscheinung.

Und die andere Besucherin, die feine Dame, rutschte auf dem Stuhl hin und her und klimperte mit den Augenlidern – sie machte nie viele Worte –, als kaute sie den meisterlichen Käse mit den Augen.

Auf Großvater schien der ölige Zauber am wenigsten zu wirken, vielleicht weil er seinen Freund Matas Lillo erwartete.

So vergingen im Eßzimmer mehrere Minuten, ohne daß etwas zu vernehmen war, als das käselechzende Seufzen der Anwesenden und das Tick-Tack der Uhr, die am Rauchfang des Kamins hing ... Und plötzlich ein Schnarcher von Josefa.

»Die ist schon hinüber«, sagte Großmutter, als wollte sie uns dazu ermuntern, ebenfalls »hinüberzugehen«, so daß wir den Käse nicht essen könnten.

Aber dazu kam es nicht. Wir alle schauten weiterhin ganz betört auf den einsamen Käse, und besonders Tante Rosario, mit der etwas ganz Seltsames geschah, denn plötzlich rannen ihr zwei Speichelfäden durch die Falten am Kinn.

»Ach du lieber Herrgott!« seufzte sie.

»Was ist denn mit dir los, Rosario?« fragte Großmutter fast besorgt.

KÄSEKULTUREN

»Was soll schon mit mir los sein. Dieser Käse mit seinem Thymiangeruch bringt mir, obwohl ich bestens zu Abend gegessen hab, den Magen durcheinander und läßt mir derart das Wasser im Mund zusammenlaufen, daß ich gleich platze, wenn ich nicht von dem Käse probiere.«

Und Großvater fing an zu lachen, weil ihn die Sache so amüsierte und weil er ganz stolz auf die appetitanregenden Fähigkeiten seines in Öl eingelegten Käses war.

»Dem will ich gleich abhelfen«, sagte er und holte sein Taschenmesser heraus, um meiner Tante eine gute Scheibe von dem Tomellosokäse abzuschneiden.

Worauf Großmutter, jedoch ohne eine Spur von Lachen, sagte: »Wenn nur alle Übel dieser Welt so leicht zu beheben wären.«

Sogleich bot Großvater uns allen Käse an, denn wir konnten unseren Blick nicht mehr von Tante Rosario wenden, die ihren Teil mit der größten Hingabe, Inbrunst und Schwelgerei der Welt zu sich nahm.

So standen die Dinge, als Matas Lillo kam, der Busenfreund, den Großvater erwartet hatte, die Ballonmütze bis zu den Augenbrauen ins Gesicht gezogen und den Zigarrenstummel zwischen den Zähnen:

»Was ist denn das für ein Festgelage?« Und ohne eine Antwort abzuwarten, ließ er jene Seguidilla vom Stapel, die ich damals zum erstenmal hörte:

> »Wenn's um Käse geht, Manchego,
> schön mit Öl gesättigt,
> doch was zarte Frau'n betrifft,
> nur die aus Albacete.«

KÄSE

Großvater wollte eben die Gründe für dieses Fest zu Ehren seines vielgeliebten Käses nennen, als Tante Rosario mit ihrer Scheibe, die sie so salbungsvoll und andächtig zu sich genommen hatte, fertig war.

»Ach du lieber Gott, wie wohl mir jetzt ist!« rief sie aus. »Und wie verflixt gut der schmeckt. Ein Gelüst war das, wie früher, vor vielen Jahren, wenn ich schwanger war. Genau die richtige Reife! Und so rund gewürzt! Wie der an den Zähnen klebt! Was für ein gutes Öl, und so fein! Und was der Teufelskerl für Augen macht! Hat der aber gute Milch bekommen!«

»Dieses Satansweib von Rosario redet ein Zeug daher, daß mir der Mund wäßrig wird«, sagte Lillo. Und ohne ein weiteres Wort nahm er das Messer und schnitt sich eine Kante vom Ölgetränkten ab.

»Aber Emilia«, sagte er zu Großmutter, »ich kann diesen Käse, auch wenn er noch so gut ist, nicht so richtig genießen ohne ein Gläschen Wein dazu. Sei lieb und bring mir einen kleinen Krug voll.«

»Dazu will ich mich lieber nicht weiter auslassen«, murrte Großmutter und stand mit einem Seufzer auf, denn ihr schwante schon, daß es an diesem Abend mit dem Käse zu Ende gehen würde.

Und als dann der Wein da war, kam natürlich Leben in die Runde.

Großvater, der bester Laune war, brachte noch einen Käse und noch ein Korbfläschchen Wein. Und Tante Rosario mußte natürlich in Wort und Tat nochmal auf ihr Gelüst zurückkommen.

Josefa, die bei dem ganzen Lärm aufgewacht war, lebte gleich wieder auf, als sie uns alle Käse essen und dem Wein zusprechen sah.

KÄSEKULTUREN

Sogar Großmutter, die einen weichen Mund bekam, wie wenn sie lachte, sagte ganz aufgekratzt:

»Lillo, wie war doch gleich diese Seguidilla?«

Und Lillo sagte sie noch einmal her, ohne den aufgespießten Käse und das Weinglas aus der Hand zu geben:

»Wenn's um Käse geht, Manchego,
schön mit Öl gesättigt,
doch was zarte Frau'n betrifft,
nur die von Albacete.«

»Aber es gibt in Albacete doch bestimmt auch ein paar harte Frauen, Lillo«, sagte Großvater mit vom roten Landwein triefendem Schnurrbart und einer weiteren, noch nicht angezündeten Zigarre zwischen den Fingern.

»Allerdings, mein Herr.«

François Bonvin: Stilleben mit Brie

IV. DIE HERSTELLUNG:
Von Göttern, Hirten und Mönchen

Der Käse verrät die Milch.

Lappländisches Sprichwort

TIBULL

APOLL ALS HIRTE

Zither und wallendes Haar war nutzlos dem
                              schönen Apollo,
  Als er die Herden Admets mußte als Hüter betreun.
Liebe konnte er nicht durch heilende Kräuter ertöten,
  Keine ärztliche Kunst tat es an Stärke ihr gleich.
Aus dem Stalle mußte er selbst die Kühe geleiten,
  Und die Kunde erzählt, daß er sie abends besorgt.
Und er mischte mit Lab die Milch, die frisch
                              man gewonnen.
  Zeigte, wie alles gerinnt, wenn sich die Mischung
                              bewährt,
Und er fertigte auch aus Binsenruten ein Körbchen,
  Schmale Löcher in ihm ließen die Molke hindurch.

HOMER
DER HIRTE POLYPHEM

Rasch gelangten wir hin zur Höhle, aber wir fanden
Ihn nicht drin, denn er trieb sein fettes Vieh
                            auf die Weide.
Wir betraten die Höhle, im einzelnen alles betrachtend:
Darren strotzten von Käsen, und Pferche waren
                            gedrängt voll
Lämmer und Zicklein auch; die einzelnen Würfe
                            gesondert
Eingepfercht, die Erstlinge hier, die Mittleren drüben,
Aber die Spätlinge dort; es flossen über von Molke
Alle Gefäße, in welche er molk, die Kübel und Eimer,
Selbstgefertigt. Da flehten mit Worten mich
                            an die Gefährten,
Erst die Käse zu nehmen und wieder zu gehn,
                            aber nachher
Rasch die Zicklein und Lämmer heraus aus den Pfer-
                            chen zum schnellen
Schiffe zu treiben und dann aufs salzige Wasser
                            zu fahren.
Aber ich fügte mich nicht – es wäre weit besser
                            gewesen –,
Nur, damit ich ihn sähe und Gastgeschenke er gäbe.
Nicht sehr angenehm sollte er dann den Gefährten
                            sich zeigen.
Und wir machten ein Feuer an und opferten, nahmen
Selbst von den Käsen und aßen davon und warteten
                            drinnen
Sitzend auf ihn, bis er weidend kam; er trug
                            eine schwere

Ländliche Szene, um 1400

DIE HERSTELLUNG

Last von trockenem Holz, um sich zu bereiten
                         das Nachtmahl,
Warf es hinein in die Höhle und machte ein
                         großes Getöse;
Und wir stürzten vor Furcht hinweg in den Winkel
                         der Höhle.
Er aber trieb das Vieh in seine geräumige Höhle,
Alle, soweit er sie molk, jedoch die männlichen ließ er,
Widder und Böcke, drauß vor der Türe im hohen
                         Gehege.
Aber dann setzte er hin einen großen, wuchtigen
                         Türblock,
Hoch ihn stemmend, den hätten nicht zweiundzwanzig
                         Gespanne
Mit vierrädrigen trefflichen Wagen vom Boden
                         gehoben;
Solch einen mächtigen Felsblock setzte er da
                         vor die Türe.
Sitzend molk er sodann die Schafe und meckernden
                         Ziegen,
Alles, wie sich's gehört, und tat unter jedes das Junge.
Alsbald ließ von der weißen Milch er die Hälfte
                         gerinnen,
Strich sie dann in geflochtene Körbe und stellt'
                         sie beiseite.
Aber die andere Hälfte stellte er auf in Gefäßen,
Daß er selbst davon nehmen könne und trinken
                         zum Nachtmahl.
Als er aber mit Eifer verrichtet hatte die Arbeit,
Zündete er das Feuer an und sah uns und fragte:
»O ihr Fremden, wer seid ihr? Woher die Pfade,
                         die feuchten,

KÄSE

Kommt ihr gefahren? In welchem Geschäft, oder treibt
                              ihr euch ziellos
Über das salzige Meer, umher euch treibend
                              wie Räuber,
Welche ihr Leben riskieren, den Fremden Böses
                              bereitend?«
Sprach's, und wiederum brach das Herz, das liebe,
                              aus Furcht uns
Vor der gewaltigen Stimme und vor dem
                              Ungetüm selber.

VERGIL

KÄSEZUBEREITUNG

Liegt aber einem an Milch, dann werfe er Geißklee
                              und Lotos
reich in die Krippe mit eigener Hand und salzige
                              Kräuter.
Stärker lockt sie die Tränke alsdann, prall spannt sich
                              das Euter
und, kaum merklich, mischt sich der Milch die Würze
                              des Salzes.
Vielfach hält man die Böcklein, sobald sie entwöhnt
                              sind, den Müttern
fern und umsäumt ihnen vorne das Maul mit
                              stachligem Halfter.
Was frühmorgens gemolken und tagsüber, preßt man
                              noch spät am
Abend zu Quark, was im Dunkel gemolken bei
                              sinkender Sonne,

früh geht's fort, im Holzgefäß bringt's der Hirt
in die Städte;
oder man salzt es ein wenig und hebt sich's auf
für den Winter.

JULIANE GÜDE
DER KÄSE UND DIE MÖNCHE

Bereits der Name verrät die Herkunft. Der Munster/ Münster ist nach dem *monasterium*, dem Münster oder Kloster, benannt, wo er einst hergestellt wurde. Dieses Münster – oder *monastère* auf Französisch – am Fuß des Col de la Schlucht war wohl bereits zur Zeit Karls des Großen ein Ort der Käseproduktion.

Doch war das kein Einzelfall, auch der Maroille trägt den Namen einer Benediktinerabtei nahe der Grenze Frankreichs zu Belgien. Ihre Äbte ließen seit dem 11. Jahrhundert den pikanten Käse mit der gewaschenen Rinde nicht nur für den Eigenbedarf, sondern auch für den Verkauf von den abhängigen Bauern herstellen, die ihn dann als Zehnt an die mächtige Abtei abzuliefern hatten. Ähnliches ist auch für andere Klöster beurkundet.

Die Benediktiner waren die ersten, die Käse machten oder herstellen ließen, denn für die Mönche, die nach der Regel des Benedikt von Nursia in Einfachheit und Enthaltsamkeit lebten, war Käse – im Frühmittelalter eher als Armeleutekost neben den Fleischtöpfen der Reichen angesehen – ein wesentlicher Bestandteil des täglichen Speiseplans. So schreibt eine Speiseordnung

aus dem 11. Jahrhundert den Klosterbrüdern in Werden an der Ruhr vor, daß sie »abwechselnd Fisch und Käse, Fisch und Eier sowie Käse mit Gemüse zu essen« bekommen sollten.

Noch heute wird z. B. in der Benediktinerabtei Pierrequi-Vire im burgundischen Morvan ein Weichkäse gleichen Namens erzeugt. Andere Käse tragen den Mönch im Namen wie der Tête-de-Moine, der Mönchskopf – ursprünglich von den Mönchen der Abtei Bellelay im Kanton Bern hergestellt –, oder zeigen ihn auf ihrem Etikett, ohne daß sie heute noch von Klosterbrüdern gemacht würden.

Vor allem aber waren es die Zisterzienser, die ihre Klöster nach der Verbreitung ihrer Regel durch Bernhard von Clairvaux im 12. Jahrhundert zu wahren landwirtschaftlichen Musterbetrieben ausbauten. Die Einhaltung ihrer Ordensregel bedeutete nicht nur die Abkehr vom Luxus, dem manche Abtei verfallen war, und die Rückkehr zur Regel des heiligen Benedikt mit einer strengen Befolgung der Speisevorschriften, sondern auch die wirtschaftliche Unabhängigkeit eines jeden Klosters. Das bedeutete, daß alles, was man zum Leben brauchte, auch selbst erzeugt werden mußte. Und was im Überfluß produziert wurde, konnte verkauft werden. Aus Mönchen wurden Bauern, Winzer und Käsemacher, wobei die eigentliche körperliche Arbeit den Laienbrüdern überlassen war.

Noch heute wird im Mutterkloster Cîteaux der gleichnamige Käse streng nach Vorschrift, das heißt nur aus der Milch eigener Kühe, hergestellt. Auch der Chaource, benannt nach einem Städtchen in der Nähe von Troyes, soll ursprünglich von den Zisterziensern der Abtei Pontigny gemacht worden sein. Viele andere Beispiele ließen sich noch nennen.

Käse wurde also von Mönchen anstelle von Fleisch verzehrt, während der vorösterlichen Fastenzeit aber mußte auch darauf verzichtet werden, denn erst gegen Ende des Mittelalters wurde Käse allgemein als Fastenspeise anerkannt. Davor hatten sich die Gesuche um Milderung oder völlige Aufhebung der Fastenvorschriften für einzelne Personen, Laien wie Kleriker, oder

KÄSE

ganze Klöster gehäuft, die im Volksmund Butter- oder aber auch Käsebriefe genannt wurden und denen in der Regel gegen Bezahlung einer bestimmten Geldsumme, dem Butterpfennig, vom Bischof oder Papst auch Folge geleistet wurde.

Die Regel der Zisterzienser schrieb auch die Einrichtung sogenannter Gästehäuser vor, wo Mönche anderer Klöster, aber auch Pilger mit dem verköstigt wurden, worauf die Mönche selbst verzichteten. Vorgeschrieben war nur dunkles Brot, aber sicherlich hat so mancher Käse den Pilgern das Mahl schmackhafter gemacht.

In Cîteaux wie in etlichen anderen Klöstern leben heute Mönche des Ordens der Reformierten Zisterzienser, auch Trappisten genannt, deren strenge Regel u. a. Stillschweigen, Kontemplation und vegetarische Ernährung vorschreibt. Ihre zurückgezogene Lebensweise verbietet es, Gäste im Kloster zu beköstigen, aber dennoch haben selbst sie einem Käse zu seinem Namen verholfen: dem Trappistenkäse. Ursprünglich in einem bosnischen Kloster hergestellt, produziert man ihn heute in Deutschland und Österreich industriell.

Doch nicht nur Benediktiner und Zisterzienser waren in der Käseproduktion aktiv, auch andere Orden stellten in ihren Klöstern Käse her, so z. B. die Augustiner-Chorherren des Stiftes Reichersberg in Oberösterreich. Heute wird im Kloster selbst kein Käse mehr gemacht, die Herstellung des Chorherren- oder Prälatenkäses hat eine Molkereigenossenschaft übernommen.

Und was die Kapuziner und Franziskaner betrifft, so waren diese Orden Bettelorden, die selbst nichts produzierten, sondern – wie der Name schon sagt – auf Almosen anderer angewiesen waren. Dafür wurden sie aber im 15. und 16. Jahrhundert nicht selten mit den Schimpfnamen Käseprediger und Käsejäger belegt. Und dazu schreiben die Brüder Grimm in ihrem Deutschen Wörterbuch: »man schalt also bettelmönche überhaupt so, sie fragten wohl besonders nach käse, zu dem brot, das sie überall erhielten«.

V. MYTHISCHER UND MAGISCHER KÄSE

CARLO GINZBURG
WIE WÜRMER IM KÄSE

Während seines ersten Verhörs vor dem Inquisitionsgericht am 7. Februar 1584 legte der der Ketzerei angeklagte Müller Menocchio seine ganz eigenartige Kosmogonie dar, von der die Inquisition ein wirres Echo mitbekommen hatte:

»Ich habe gesagt, daß was meine Gedanken und meinen Glauben anlanget, alles ein Chaos war, nämlich Erd', Luft, Wasser und Feur durcheinander. Und jener Wirbel wurde also eine Masse, gerade wie man den Käse in der Milch macht, und darinnen wurden Würm', und das waren die Engel. Und die allerheiligste Majestät wollte, daß das Gott und die Engel wären. Und unter dieser Zahl von Engeln, da war auch Gott, auch der wurde zur selbigen Zeit erschaffen aus jener Masse, und er ward zum Herrn gemacht mit vieren Hauptleut: Luzifel, Michael, Gabriel und Raffael. Jener Luzifel wollte sich zum Herrn machen gleich als der König, welcher die Majestät Gottes war, und seiner Hoffahrt halben gebot Gott, daß er vom Himmel ausgetrieben werden sollte mit all seinem Gefolge und seinen Spießgesellen. Und dieser Gott machte dann Adam und Eva und das Volk in großer Meng, auf daß sie jene Sitze der ausgetriebenen Engel einnehmen sollten. Diesem Meng schickte er, dieweil sie Gottes Gebot nicht hielten, seinen Sohn, den die Juden ergriffen, und er wurde gekreuzigt.«

MYTHISCHER UND MAGISCHER KÄSE

Dazu schreibt Carlo Ginzburg:

Auf diese Weise erläuterte Menocchio in seiner gedrängten Sprache, die von Metaphern aus dem Alltagsleben überquoll, ruhig und sicher den verdutzten und neugierig werdenden Inquisitoren (weshalb hätten sie sonst das Verhör so peinlich genau geführt?) seine Kosmogonie. Bei allen Variationen theologischer Begriffe veränderte sich ein Punkt nicht: seine Weigerung, die Schöpfung der Welt einer Gottheit zuzuschreiben – und damit verbunden die beharrliche Wiederholung des scheinbar sonderbarsten Elementes: der Käse, die Würmer-Engel, die aus dem Käse entstanden.

Vielleicht darf man hierin ein Echo der *Göttlichen Komödie* (Purgatorio X, 124–125) erkennen: »... vermi / nati a formar l'angelica farfalla ...« [... Würmer, geborn, den Himmelsfalter einst zu bilden ...] – vor allem deshalb, weil Vellutellos Kommentar zu diesen Versen wörtlich in einem anderen Passus der Kosmogonie Menocchios anklingt: »Englisch, das ist göttlich, denn er ist von Gott geschaffen worden, *um die Sitze einzunehmen, die die schwarzen Engel verloren, die aus dem Himmel ausgetrieben wurden ...«,* glossierte Vellutello. Und Menocchio: »Und dieser Gott machte dann Adam und Eva und das Volk in großer Menge, auf daß sie die Sitze der ausgetriebenen Engel einnehmen sollten.« Es wäre seltsam, wenn sich zwei solche Übereinstimmungen, die auf einer Seite zusammentreffen, dem Zufall verdankten. Aber wenn Menocchio Dante gelesen hatte – vielleicht als Weisen, als Lehrer religiöser und sittlicher Wahrheiten – weshalb prägten sich ihm gerade

KÄSE

jene Verse (»... Würmer, geboren, den Himmelsfalter einst zu bilden«) ein.

In Wirklichkeit hatte Menocchio seine eigene Kosmogonie nicht den Büchern entnommen. »Aus der vollkommensten Substanz der Welt wurden sie [die Engel] von der Natur hervorgebracht, *wie aus einem Käse Würmer entstehen*, aber wenn sie herauskommen, erhalten sie Willen, Verstand und Gedächtnis von Gott, der sie segnet.« Aus dieser Antwort Menocchios geht klar hervor, daß das ständige Anklingenlassen des Bildes vom Käse und den Würmern eine rein analogisch-explikative Funktion hatte. Die alltägliche Erfahrung des Entstehens der Würmer im verdorbenen Käse diente Menocchio dazu, die Entstehung von Lebewesen – die ersten, vollkommensten, die Engel – aus dem Chaos, der »groben und unvollkommenen« Materie zu erklären, *ohne auf Gottes Eingriff zu rekurrieren*. [...]

Dennoch erklärt dieser Rückgriff Menocchios auf die Alltagserfahrung nicht alles. Im Gegenteil, vielleicht erklärt er gar nichts. Eine Analogie zwischen dem Gerinnungsprozeß des Käses und der Verdichtung des Urnebels, aus dem sich der Erdball bilden sollte, zu entwerfen, mag für uns selbstverständlich sein: Für Menocchio war es sicher nicht so. Nicht nur das. Als er diese Analogie zog, lehnte er sich, ohne es zu wissen, an uralte, abgelegene Mythen an. In einem indischen Mythos, der bereits in der *Veda* erwähnt wird, wird der Ursprung des Kosmos mit dem Gerinnen – ähnlich wie dem der Milch – der Wasser des Urmeers, das von den Schöpfungsgöttern geschlagen wird, erklärt. Für die Kalmükken waren am Beginn der Zeiten die Wasser der Meere mit einer festen Schicht, wie die, die sich über der Milch bildet, bedeckt. Aus dieser entsprangen Pflanzen, Tiere, Menschen und Götter. »Im Anfang war diese Welt nichts, und ... sie wurde aus dem Meerwasser geschlagen gleich als ein Schaum, und sie geronn wie ein Käse, aus dem sodann eine große Zahl Würmer entstand, und diese Würmer wurden Menschen, von denen Gott der mächtigste und weiseste war«: mehr oder weniger (außer den schon angedeuteten Vereinfachungen) waren das die von Menocchio ausgesprochenen Worte gewesen.

Es ist dies eine verblüffende Übereinstimmung, sie ist geradezu beunruhigend für jemanden, der keine fertigen Erklärungen hat, die, wie das kollektive Unbewußte oder ganz einfach der Zufall unannehmbar sind. Zwar redete Menocchio von einem ganz realen, keineswegs mythischen Käse, einem Käse, den er unzählige Male hatte machen sehen (oder vielleicht selber gemacht hatte). Die Hirten des Altai dagegen hatten dieselbe Erfahrung in einen Weltentstehungsmythos verwandelt. Aber trotz dieser Verschiedenheit, die man nicht unterbewerten sollte, bleibt die Übereinstimmung. Man kann nicht ausschließen, daß sie einen Beweis für die Existenz einer jahrtausendealten kosmologischen Tradition darstellt, die über die sprachlichen Unterschiede hinweg den Mythos mit der Wissenschaft verband. Es ist merkwürdig, daß die Metapher vom rotierenden Käse ein Jahrhundert nach dem Prozeß gegen Menocchio in einem Buch (das große Polemiken hervorrufen sollte) wieder auftaucht, in dem der englische Theologe Thomas Burnet die Hl. Schrift mit der Wissenschaft seiner Zeit in Einklang zu bringen suchte. Es kann sein, daß hier ein vielleicht unbewußter Nachklang jener alten indischen Kosmologie vorliegt, der Burnet einige Seiten seines Werkes widmete. Aber im Fall Menocchios muß man unbedingt an eine unmittelbare Übertragung denken – eine mündliche, über Generationen sich hinwegziehende Übermittlung. Diese Hypothese erscheint weniger unglaubwürdig, wenn man an die Verbreitung eines vom Schamanismus herzuleitenden Kultes, wie den der Benandanti, denkt, der zur gleichen Zeit gerade in Friaul existierte. Und gerade in diesen noch beinahe unerforschten Boden kultureller Beziehungen und Verlagerungen fügt sich die Kosmogonie Menocchios ein.

CHRISTOPH WAGNER
KÄSE IM ABERGLAUBEN

Eng mit den schlaraffischen Mythen verbunden ist der vom Mittelalter bis in die Neuzeit hinein verbreitete Glaube, daß dem Käse geheimnisvolle Kräfte innewohnen. Dieser Glaube ist vermutlich so alt wie der Käse selbst, und es verwundert daher nicht, daß Käse bereits in der Antike als zentrales Nahrungsmittel in der Diätetik der Gladiatoren Verwendung fand. [...]

Die »gnadenbringende Wirkung« des Käses beschränkte sich dabei keineswegs auf die Rezeption im Aberglauben, sondern fand durchaus auch in höchst offizielle kirchliche Lehrmeinungen Eingang. Von der hl. Perpetua, einer römischen Märtyrerin, wird erzählt, sie habe im Traume die Paradiesherrlichkeit geschaut und während dieser Apotheose von Christus einen Bissen Käse empfangen. Der hl. Augustinus wiederum berichtet von der altchristlichen galatischen Sekte der Artotyriten, die das Abendmahl nicht nur mit Brot, sondern auch mit Käse feierte. Käse ist im übrigen – als koagulierte Milch – allein schon deshalb als Speise der Unsterblichkeit zu betrachten, weil Christus selbst immer wieder als »himmlische Milch« bezeichnet wird.

Dies ist übrigens nicht die einzige Stelle, in der sich der Kirchenlehrer und Bischof von Hippo mit dem Thema Käse beschäftigte. In seinem Hauptwerk »De civitate dei« erwähnt der hl. Augustinus auch, daß im alten Italien bestimmte Wirtinnen – offenbar späte Nachfahrinnen der Zauberin Circe – ihre Gäste durch den Genuß von Käse in Lasttiere zu verwandeln und bei Bedarf wieder in Menschen zurückzuzaubern vermochten. Auch auf den Fall eines gewissen Praestantius geht Augustinus ein, der von seinem Vater erzählte, daß dieser nach dem Genuß eines offenbar vergifteten Käses tagelang in tiefen Schlaf versunken war und, als er schließlich wieder aufwachte, seltsame Dinge erzählte: Er sei während der ganzen Zeit in die Gestalt eines Pferdes verwandelt gewesen und habe in Rhätien bei den Soldaten Getreide schleppen müssen. [...]

Käseweihen haben sich bis in die heutige Zeit besonders im ländlichen Raum im Rahmen der Speisenweihe an den Osterfeiertagen erhalten. Die sogenannte »Benedictio casei contra febres« bestätigte das gläubige Volk mancherorts auch in der Ansicht, daß man mit Hilfe von geweihtem Käse fiebrige Krankheiten lindern oder gänzlich vertreiben könne.

BRÜDER GRIMM
BLÜMELIS-ALP

Mehr als eine Gegend der Schweiz erzählt die Sage von einer jetzt in Eis und Felstrümmern überschütteten, vor alten Zeiten aber beblümten, herrlichen und fruchtbaren Alpe. Zumal im Berner Oberland wird sie von den Klariden (einem Gebirg) berichtet:

Ehmals war hier die Alpweide reichlich und herrlich, das Vieh gedieh über alle Maßen, jede Kuh wurde des Tages dreimal gemolken, und jedesmal gab sie zwei Eimer Milch, den Eimer von dritthalb Maß. Dazumal lebte am Berg ein reicher, wohlhabender Hirte, und hob an, stolz zu werden und die alte einfache Sitte des Lands zu verhöhnen. Seine Hütte ließ er sich stattlicher einrichten und buhlte mit Cathrine, einer schönen Magd, und im Übermut baute er eine Treppe ins Haus aus seinen Käsen, und die Käse legte er aus mit Butter und wusch die Tritte sauber mit Milch. Über diese Treppe gingen Cathrine, seine Liebste, und Brändel, seine Kuh, und Rhyn, sein Hund, aus und ein.

Seine fromme Mutter wußte aber nichts von dem Frevel, und eines Sonntags im Sommer wollte sie die Senne ihres Sohns besuchen. Vom Weg ermüdet, ruhte sie oben aus und bat um einen Labetrunk. Da verleitete den Hirten die Dirne, daß er ein Milchfaß nahm, saure Milch hineintat und Sand darauf streute, das reichte er seiner Mutter. Die Mutter aber, erstaunt über die ruchlose Tat, ging rasch den Berg hinab, und unten wandte sie sich, stand still und verfluchte die Gottlosen, daß sie Gott strafen mögte.

Plötzlich erhob sich ein Sturm, und ein Gewitter verheerte die gesegneten Fluren. Senne und Hütte wurden verschüttet, Menschen und Tiere verdarben. Des Hirten Geist, samt seinem Hausgesinde, sind verdammt, so lange, bis sie wieder erlöst worden, auf dem Gebirg umzugehen, »ich und min Hund Rhyn, und mi Chuh Brandli und mine Kathry, müssen ewig uf Klaride syn!« Die Erlösung hangt aber daran, daß ein Senner auf Charfreitag die Kuh, deren Euter Dornen umgeben, stillschweigend ausmelke. Weil aber die Kuh, der stechenden Dörner wegen, wild ist und nicht still hält, so ist das eine schwere Sache. Einmal hatte einer schon den halben Eimer vollgemolken, als ihm plötzlich ein Mann auf die Schulter klopfte und fragte: »Schäumts auch wacker?« Der Melker aber vergaß sich und antwortete: »O ja!« Da war alles vorbei, und Brändlein, die Kuh, verschwand aus seinen Augen.

LUDWIG BECHSTEIN

KASTELEN-ALPE

Auf der Kastelen-Alpe wohnte ein reicher Bauer, der hatte viele Herden und Matten, und drunten in Kriens hatte er eine arme Muhme, die war Witwe, hatte nur eine einzige Tochter und nährte sich mit dieser gar kümmerlich, lag auch schwer an der Gicht darnieder. Da entschloß sich das Maidli, hinauf auf die Alp zum reichen Vetter zu gehen und ihn um eine Unterstützung anzusprechen. Da stieg ein schrecklich Gewitter am Himmel auf, als sie auf der Alpe ankam, ihr aber ward kein Trost und keine Gabe, nur Hohn und Scheltworte, und sie

KÄSE

ließen droben auch trotz des drohenden Wetters das Mägdlein wieder fort gehen.

Das kam tüchtig in das Wetter und erreichte mit Not die Hütte eines Sennen, das war ihr Bube Aloys, der hatte noch einen kleinen Käs, den gab er ihr für sie und ihre Mutter. Raschen Schrittes eilte die Dirne abwärts, da glitt sie auf der glatten Trift, fiel hin, und der Käs rollte in die Tiefe, unaufhaltbar in unzugängliche Felsklüfte. Weinend und kummervoll schaute die arme Dirne dem entrollten Käse nach, da faßte etwas ihre Hand, und sie erschrak zum Tode, und bei ihr stand so ein klein winziges graues Herdmanndli, das hatte auf seiner Schulter das verlorengegangene Stückchen Alpenkäse, etwa so groß wie ein Viertelsmühlstein, und in der Hand ein Büschel Kräuter, und sprach: »Magst den Käs' mit heim nehmen, und deiner Mutter von den Kräutern einen Tee kochen, sollst nicht mehr hilflos weinen.«

Hoch droben im Gebirg aber tobte das Unwetter noch fort, über alle Maßen grülich, und war ein Donnern, Tosen und Krachen, als ginge die Welt unter. Wie das Maidli zur Mutter kam, war der Käs ein Stück so schweres Gold geworden, und vom Kräuter-Tee wurde die Mutter ganz gesund. Über die Kastelen-Alp aber hatte sich im Gewitter ein Bergsturz geschüttet, die Matten verwüstet, die Herden erschlagen, und ein Stein, etwa so groß wie ein Alpenkäs, hatte dem geizigen Vetter einen Fuß abgeschlagen. Später ist er noch zu seiner Muhme Haus gehinkt gekommen und hat gebettelt.

VI. VON KÄSEFRAUEN UND MILCHMÄNNERN

JOHANN WOLFGANG GOETHE
DIE ALTE KÄSEFRAU

(Wilhelm tritt auf.)
FABRICE. Ist dein Spaziergang zu Ende?
WILHELM. Ich ging auf den Markt und die Pfarrgasse hinauf und an der Börse zurück. Mir ist's immer eine wunderliche Empfindung, nachts durch die Stadt zu gehen. Wie von der Arbeit des Tages alles teils zur Ruh ist, teils darnach eilt, und man nur noch die Emsigkeit des kleinen Gewerbes in Bewegung sieht! Ich hatte meine Freude an einer alten Käsefrau, die, mit der Brille auf der Nase, beim Stümpfchen Licht ein Stück nach dem andern auf die Waage legte und ab- und zuschnitt, bis die Käuferin ihr Gewicht hatte.
FABRICE. Jeder bemerkt in seiner Art. Ich glaub, es sind viele die Straße gegangen, die nicht nach den Käsemüttern und ihren Brillen geguckt haben.
WILHELM. Was man treibt, gewinnt man lieb, und der Erwerb im kleinen ist mir ehrwürdig, seit ich weiß, wie sauer ein Taler wird, wenn man ihn groschenweise verdienen soll. *(Steht einige Augenblicke in sich gekehrt.)* Mir ist ganz wunderbar geworden auf dem Wege. Es sind mir so viele Sachen auf einmal und durcheinander eingefallen – und das, was mich im Tiefsten meiner Seele beschäftigt – *(Er wird nachdenkend.)*

EMILE ZOLA

IM BAUCH VON PARIS

Gute zwei Minuten bewahrte Fräulein Saget Schweigen, und als sie sah, daß die beiden anderen vor Neugierde brannten, legte sie mit ihrer spitzen Stimme los:

»Wissen Sie, dieser Florent! – Na, ich kann Ihnen jetzt sagen, wo er herkommt!« Und noch einen Augenblick ließ sie die beiden an ihren Lippen hängen. »Er kommt aus dem Zuchthaus«, verkündete sie endlich mit furchtbar gedämpfter Stimme.

Rings um die drei stanken die Käse. Im Hintergrund reihten sich auf den beiden Wandbrettern des Ladens riesige Butterklumpen aneinander: Butter aus der Bretagne in Körben quoll über; die in Leinwand gewickelte Butter aus der Normandie ähnelte den ersten Entwürfen von Bäuchen, über die ein Bildhauer feuchte Tücher geworfen hat; andere Klumpen, die angerissen und mit breiten Messern zu spitzen Felsen voller Täler und Brüche geschnitten waren, wirkten wie eingefallene, von der Blässe eines Herbstabends vergoldete Gipfel. Unter den Auslagentisch aus rotem, graugeädertem Marmor setzten Eierkörbe ein Kreideweiß; und in Kisten bildeten die auf Strohhürden dicht an dicht gelegten Bondons und die wie Medaillen flach angeordneten Gournaykäse dunklere, mit grünlichen Tönen gefleckte Flächen. Aber vor allem auf dem Tisch stapelten sich die Käse. Neben Pfundstücken Butter in Runkelblättern breitete sich ein riesiger, gleichsam von Axthieben gespaltener Auvergnerkäse; dann kamen ein goldfarbener Chesterkäse, ein Schweizerkäse, der einem von einem Barbarengefährt abgefallenen Rade glich, und Edamer, rund wie abgeschlagene Köpfe, mit angetrocknetem Blut beschmiert und hart wie hohle Schädel, weswegen sie Totenköpfe heißen. Ein Parmesankäse brachte in diese Schwere gekochten Breis seine Prise aromatischen Dufts. Drei Briekäse auf runden Brettern hatten die Schwermut glanzloser Monde; zwei, die sehr trocken waren, bildeten Vollmonde; der dritte war im zweiten Viertel und lief, entleerte sich von weißer Sahne, die sich zu einem See ausgebreitet hatte und die dünnen Brettchen einriß, mit denen vergeblich versucht worden war, ihn zusammenzuhalten. Port-Saluts, die antiken Diskusscheiben glichen, zeigten als Inschrift den aufgedruckten Namen der Fabrikanten. Ein in sein Silberpapier gekleideter Romadur vermittelte das Trugbild einer Nougatstange, eines gezuckerten Käses, der sich unter diese scharfen Gärungen verirrt hatte. Auch die Roqueforts unter ihren Kristallglocken setzten fürstliche Mienen auf, marmorierte und feiste, blau und gelb geäderte Gesichter, gleichsam von einer schändlichen Krankheit reicher Leute angegriffen, die zuviel Trüffeln gegessen haben, während daneben in einer Schüssel harte, leicht graue, kinderfaustgroße Ziegenkäse an Kiesel erinnerten, die die Böcke, wenn sie ihre Herde führen, an den Biegungen der steinigen Pfade ins Rollen bringen. Dann begannen die Stinkerkäse: die hellgelben, süßlich stinkenden Mont-d'or-Käse; die sehr dicken, an den Rändern gequetschten Troyes-Käse von bereits kräftigerer Schärfe, die einen Gestank nach feuchtem Keller hinzufügten; die Camemberts mit dem strengen Duft zu lange abgehangenen Wildbrets; die viereckigen Neufchâteller, Limburger, Marolles und Pont-l'Evêques brachten jeder seine grelle und besondere Note in diesen bis zur Übel-

KÄSE

keit herben Tonsatz; die Livarots, die rot gefärbt und in der Kehle furchtbar waren wie Schwefeldampf; schließlich dann über allen anderen die Olivets, die in Nußbaumblätter gewickelt waren gleich dem in der Sonne dampfenden Aas, das die Bauern am Rand eines Feldes mit Zweigen zudecken. Der heiße Nachmittag hatte die Käse erweicht. Der Schimmel der Rinden schmolz, überzog sich mit den üppigen Tönen von rotem Kupfer und Grünspan gleich schlechtgeschlossenen Wunden. Unter den Eichenblättern hob ein Hauch die Haut der Olivets, die wie eine Brust schlug beim langsamen und weiten Atem eines schlafenden Menschen. Eine Woge von Leben hatte einen Livarot durchlöchert, der durch diese Kerbe ein Volk von Maden gebar. Und hinter der Waage verströmte ein mit Anis gewürzter Géromé in seiner dünnen Schachtel eine solche Verpestung, daß rings um ihn Fliegen auf den graugeäderten roten Marmor gefallen waren.

Diesen Géromé hatte Fräulein Saget fast unter der Nase. Sie wich zurück und lehnte ihren Kopf gegen die großen Bogen gelben und weißen Papiers, die hinten im Stand an einer Ecke aufgehängt waren.

»Ja«, wiederholte sie mit einer Grimasse des Ekels, »er kommt aus dem Zuchthaus ... Na, die Quenu-Gradelles haben es nicht nötig, stolz zu tun!«

Aber Frau Lecœur und die Sarriette stießen Rufe der Verwunderung aus. Das war ja nicht möglich! Was hatte er denn verbrochen, um ins Zuchthaus zu kommen? Hätte man jemals vermutet, daß sich diese Madame Quenu, diese tugendsame Frau, die den Ruhm des Viertels ausmachte, einen Liebhaber im Zuchthaus aussuchte?

»Ach nein, Sie irren sich«, rief die Alte ungeduldig aus. »Hören Sie mir doch zu ... Ich wußte genau, daß ich diesen langen Kerl schon irgendwo gesehen hatte.« Sie erzählte ihnen Florents Geschichte. Jetzt erinnerte sie sich auch eines unbestimmten Gerüchtes, das seinerzeit in Umlauf gewesen war, über einen Neffen des alten Gradelle, der nach Cayenne geschickt worden war, weil er auf einer Barrikade sechs Gendarmen getötet hatte. Sie hatte ihn sogar einmal in der Rue Pirouette gesehen. Der war es sicher, der war der angebliche Vetter. Dann fing sie an zu jammern, sie verliere ihr Gedächtnis, sie sei hin, bald werde sie nichts mehr wissen. Sie beweinte dieses Sterben ihres Gedächtnisses wie ein Gelehrter, der die durch die Arbeit eines ganzen Daseins zusammengetragenen Aufzeichnungen im Winde davonfliegen sieht.

»Sechs Gendarmen!« murmelte die Sarriette voller Bewunderung. »Was muß er für eine starke Faust haben, dieser Mann.«

»Und er hat noch anderes gemacht«, fügte Fräulein Saget hinzu. »Ich rate Ihnen nicht, ihm um Mitternacht zu begegnen.«

»Was für ein Schurke!« stammelte Frau Lecœur ganz entsetzt.

Die Sonne fiel schräg in die Halle, und die Käse stanken noch stärker. In diesem Augenblick herrschte der Marolles vor; er schleuderte gewaltige Rülpser, einen Gestank nach alter Streu in die Schalheit der Butterklumpen. Dann schien sich der Wind zu drehen; jäh drang zu den drei Frauen das Röcheln des Limburgers, scharf und bitter, wie aus der Kehle eines Sterbenden gehaucht.

KÄSE

»Aber«, fuhr Frau Lecœur fort, »dann ist er der Schwager der dicken Lisa ... Er hat nicht geschlafen mit ...«

Sie sahen sich an, überrascht über diese Seite des neuen Falles Florent. Es ärgerte sie, ihre erste Auslegung aufzugeben. Die alte Jungfer zuckte die Schultern und verstieg sich zu der Behauptung:

»Das würde nicht hindern ... obgleich mir das offen gestanden wirklich hanebüchen vorkäme ... Kurz und gut, ich würde meine Hand nicht ins Feuer legen.«

»Übrigens«, bemerkte die Sarriette, »dürfte das vorbei sein. Er wird nicht mehr mit ihr schlafen, wo Sie ihn doch mit den beiden Méhudins gesehen haben.«

»Allerdings, genau wie ich Sie sehe, meine Liebe«, rief Fräulein Saget eingeschnappt, weil sie annahm, man zweifle an ihr. »Jeden Abend steckt er in den Röcken der Méhudins ... Außerdem ist uns das gleichgültig. Soll er geschlafen haben mit wem er will, nicht wahr? Wir sind ehrbare Frauen, wir ... Das ist ein toller Schurke!«

»Zweifellos«, schlossen die beiden andern, »ein abgefeimter Bösewicht.« [...]

Alles Diebe, diese Leute! Dann schoben sie die Köpfe näher zusammen, senkten die Stimmen und entschieden, es sei vielleicht gefährlich, sich über die schöne Lisa herzumachen, aber »den Roten müsse man erledigen«, damit er nicht mehr das Geld des armen Herrn Gavard verzehre.

Bei Nennung Gavards entstand eine Stille. Alle drei sahen sich mit verständnisvoller Miene an. Und als sie etwas verschnauften, rochen sie vor allem den Camembert. Der hatte mit seinem Wildbretdunst die dumpferen Düfte des Marolles und des Limburgers besiegt: er verbreitete seine Ausdünstungen und erstickte alle anderen Gerüche mit seiner überraschenden Überfülle verdorbenen Atems. In diesen kräftigen Tonsatz warf indessen dann und wann der Parmesan einen dünnen Hirtenflötenstrahl, während die Briekäse die schale Süßigkeit feuchter Tamburins hineinbrachten. Es erfolgte eine atembeklemmende Reprise des Livarot. Und diese Symphonie verharrte einen Augenblick auf einem grellen Ton des mit Anis versetzten Géromé, der als Orgelpunkt lang nachhallte. [...]

Damit kamen sie wieder auf Florent. Sie zerfleischten ihn mit noch mehr Wut. Dann berechneten sie bedächtig, wohin diese bösen Geschichten ihn und Gavard bringen könnten. Sehr weit todsicher, wenn man eine zu lange Zunge hat. Sie schworen also, was sie anbetreffe, nicht den Mund aufzutun, nicht weil dieser Lumpenhund, der Florent, die geringste Schonung verdiene, sondern weil um jeden Preis eine Gefährdung des würdigen Herrn Gavard vermieden werden müsse. Sie hatten sich erhoben, und als sich Fräulein Saget zum Gehen wandte, fragte die Butterhändlerin sie:

»Im Fall, daß jedoch ein Unglück geschieht, glauben Sie, daß man sich da auf Madame Léonce verlassen könnte? – Vielleicht hat sie sogar den Schlüssel von dem Schrank?«

»Da fragen Sie mich zuviel«, antwortete die Alte. »Ich halte sie für eine sehr ehrbare Frau; aber nach allem weiß ich nicht. Es gibt Umstände ... Jedenfalls habe ich Sie beide in Kenntnis gesetzt; nun ist es Ihre Angelegenheit.«

Sie blieben stehen und grüßten einander im Gestanksfinale der Käse, in das jetzt alle gleichzeitig einstimmten. Es war eine Kakophonie verpesteten Odems, von der weichen Schwere gekochten Breis des Schweizerkäses und des Edamers bis zu den Ammoniakschärfen des Olivet. Es ertönte das dumpfe Schnarchen des Auvergnerkäses, des Chesterkäses und der Ziegenkäse gleich einem breiten Baßgesang, von dem sich in gestochenen Tönen die Dünstchen des Neufchâtellers, des Troyes- und des Mont-d'or-Käses abhoben. Dann gerieten die Gerüche in Bestürzung, rollten die einen über die anderen hin, verdichteten sich mit den Rülpsern des Port-Salut, des Limburgers, des Gérômé, des Marolles, des Livarot, des Pont-l'Evêque, die sich allmählich vermischt hatten und in einem einzigen Gestanksausbruch erblüht waren. Alles verbreitete sich, behauptete sich inmitten eines allgemeinen Vibrierens, in dem es keine unterschiedlichen Düfte mehr gab, mit einem anhaltenden Übelkeitstaumel und einer furchtbaren Gewalt des Erstickungstodes. Es schien jedoch, als seien es die bösen Reden von Frau Lecœur und Fräulein Saget, die so stark stanken.

»Ich danke Ihnen sehr«, sagte die Butterhändlerin. »Sehen Sie, wenn ich jemals reich werde, will ich Sie dafür belohnen.«

Aber die Alte ging noch nicht. Sie griff nach einem Bondon, drehte ihn hin und her und legte ihn wieder auf den Marmortisch zurück. Dann fragte sie, was er koste.

»Für mich«, setzte sie mit einem Lächeln hinzu.

»Für Sie nichts«, antwortete Frau Lecœur. »Ich schenke Ihnen den.« Und sie sagte noch einmal: »Ach, wenn ich reich wäre.«

Da meinte Fräulein Saget, das werde sich eines Tages

einstellen. Der Bondon war bereits in dem Strohkorb verschwunden.

Die Butterhändlerin ging wieder in den Keller hinunter, während die alte Jungfer nun die Sarriette zu ihrem Laden zurückbegleitete. Dort plauderten sie noch einen Augenblick über Herrn Jules. Die Früchte rings um sie hatten ihren frühlingsfrischen Duft.

»Es riecht bei Ihnen besser als bei Ihrer Tante«, bemerkte die Alte. »Mir war vorhin davon übel geworden. Wie bringt sie es fertig, da drin zu leben? – Hier ist es wenigstens lieblich, ist es gut. Das macht Sie auch so rosig, meine Liebe.«

Die Sarriette fing an zu lachen. Sie liebte Schmeicheleien. Dann verkaufte sie einer Dame ein Pfund Mirabellen und sagte dabei, das sei reiner Zucker.

ITALO CALVINO

DAS KÄSEMUSEUM

Herr Palomar steht Schlange in einem Pariser Käseladen. Er will einen bestimmten Ziegenkäse kaufen, den es hier, in Öl eingelegt und mit verschiedenen Kräutern gewürzt, in kleinen durchsichtigen Behältern gibt. Die Schlange bewegt sich langsam an einem Tresen vorbei, auf dem Exemplare der ungewöhnlichsten und verschiedenartigsten Spezialitäten ausgestellt sind. Der Laden hat offenbar den Ehrgeiz, mit seinem Sortiment alle nur irgend denkbaren Formen von Milchprodukten zu dokumentieren. Schon das Schild *»Spécialités froumagères«*, mit diesem seltenen, archaischen oder mundartlichen

KÄSE

Adjektiv, weist darauf hin, daß hier die Erbschaft eines Wissens gehütet wird, das eine Kultur durch ihre ganze Geschichte und Geographie hindurch akkumuliert hat.

Drei oder vier junge Verkäuferinnen in rosa Schürzen bedienen die Kunden. Kaum ist eine frei, wendet sie sich dem vordersten in der Schlange zu und bittet ihn, seine Wünsche zu äußern. Der Kunde nennt, oder zeigt noch öfter, indem er sich durch den Laden bewegt, das Objekt seiner präzisen und kennerischen Gelüste.

Im gleichen Augenblick rückt die Schlange einen Schritt vor, und wer bis dahin neben dem *Bleu d'Auvergne* gestanden hat, der von grünen Adern durchzogen wird, findet sich nun auf der Höhe des *Brin d'amour*, in dessen weißlicher Masse winzige gelbe Strohfädchen kleben; wer eine in Blättchen gehüllte Kugel betrachtet hat, kann sich jetzt auf einen mit Asche bestreuten Würfel konzentrieren. Manche ziehen aus diesen Zufallsbegegnungen Inspirationen für neue Reize und Wünsche, ändern die Meinung über das, was sie verlangen wollten, oder ergänzen die Liste um neue Posten. Andere lassen sich keinen Moment lang von ihrem einmal gesetzten Ziel abbringen, und jede weitere Anregung dient ihnen bloß dazu, durch Ausgrenzung den Bereich des hartnäckig Angestrebten zu reduzieren.

Herrn Palomars Seele schwankt zwischen zwei entgegengesetzten Bestrebungen: einerseits dem Drang nach einer vollständigen und erschöpfenden Kenntnis, der sich indes nur befriedigen ließe, wenn er von allem hier kosten würde; andererseits dem Verlangen nach einer absolut freien Wahl, nach Identifizierung der einzigen ihm gemäßen Käsesorte, die sicherlich existiert, auch wenn er sie noch nicht zu erkennen (sich in ihr zu erkennen) vermag.

Oder nein, oder nein: Es geht gar nicht darum, den eigenen Käse zu wählen, sondern gewählt zu werden. Es gibt ein Wechselverhältnis zwischen Käse und Kunde: Jeder Käse wartet auf seinen Kunden und bemüht sich auf seine Weise, ihn anzuziehen und zu reizen, sei's durch eine etwas hochmütig-reservierte Steifheit oder Kernigkeit, sei's durch ein hingebungsvolles Zerfließen.

Ein Ruch von lasziver Komplizenschaft liegt in der Luft: Die geschmackliche und vor allem geruchliche Raffinesse hat ihre Erschlaffungsmomente, in denen sie sich gemein macht, wenn die Käsesorten in ihren Schalen sich darbieten wie in den Lustpolstern eines Bordells. Ein perverses Grinsen durchzieht das Vergnügen, die Objekte der eigenen Freßlust mit anzüglichen Schmähnamen zu benennen: *crottin, boule de moine, bouton de culotte ...*

Nicht dies ist die Art von Kenntnis, die es Herrn Palomar sehr zu vertiefen drängt, ihm würde es genügen, die Einfachheit eines direkten physischen Verhaltnisses zwischen Mensch und Käse zu realisieren. Doch wenn er anstelle der Käsesorten nur Käsenamen sieht, Käsebegriffe, Käsebedeutungen, Käsegeschichten, Käsekontexte, Käsepsychologien, wenn er – mehr als zu wissen – erspürt, daß hinter jedem Käse all dies und vielleicht noch mehr steckt, dann wird sein Verhältnis zum Käse sehr kompliziert.

Der Käseladen erscheint Herrn Palomar wie eine Enzyklopädie für Autodidakten. Er könnte sämtliche Namen auswendig lernen, er könnte eine Klassifizierung versuchen, nach den äußeren Formen (als Seifenstück,

KÄSE

als Zylinder, als Kuppel, als Ball), nach der inneren Konsistenz (trocken, butterweich, sämig, geädert, kompakt), nach dem involvierten Fremdmaterial (Rosinen, Pfeffer, Nüsse, Sesam, Kräuter, Schimmelpilze) usw., aber das alles würde ihn keinen Schritt näher zur wahren Erkenntnis bringen, die nur zu erreichen ist, wenn man die Aromen der Reihe nach ausprobiert, also durch die konkrete Erfahrung, die sich aus Erinnerung und Vorstellungsvermögen zusammensetzt, und allein auf dieser Grundlage könnte er eine Skala von Geschmäckern und Präferenzen, Kuriosem und Auszuschließendem aufstellen.

Hinter jedem Käse steckt eine Weide von anderem Grün unter anderem Himmel: salzige Marschwiesen als Produkt der allabendlichen normannischen Flut, duftende Bergwiesen unter der windreichen provençalischen Sonne; es gibt verschiedene Herden mit ihren Stallungen und Transhumanzen, es gibt geheime, durch die Jahrhunderte weitergereichte Rezepte. Dieser Laden ist ein Museum: Herr Palomar kommt sich vor wie im Louvre, hinter jedem Exponat spürt er die Präsenz der Kultur, die ihm Form gegeben hat und aus ihm Form bezieht.

Dieser Laden ist ein Wörterbuch: Die Sprache ist das System der Käsesorten in seiner Gesamtheit, eine Sprache, deren Morphologie eine Vielzahl verschiedenster Deklinationen und Konjugationen enthält und deren Wortschatz einen unerschöpflichen Reichtum an Synonymen, idiomatischen Wendungen, Konnotationen und Bedeutungsschattierungen aufweist – wie in allen Sprachen, die sich am Beitrag von hundert verschiedenen Dialekten nähren. Eine Sprache aus Dingen, die Nomenklatur ist nur äußerlich, instrumentell, doch ein bißchen Nomenklatur zu lernen bleibt für Herrn Palomar stets das erste, was es zu tun gilt, wenn er die vor seinen Augen vorbeifließenden Dinge einen Moment lang festhalten will.

Er zieht ein Notizbuch und einen Stift aus der Tasche, er beginnt, sich die Namen aufzuschreiben und neben jeden Namen eine charakteristische Eigenschaft zu notieren, die ihm später erlauben soll, sich an das Bild zu erinnern. Er versucht auch, eine grobe Skizze der jeweiligen Form zu zeichnen. Er schreibt *Pavé d'Airvault* und notiert dazu »grüne Schimmelpilze«, er zeichnet ein flaches Parallelepiped und vermerkt auf der einen Seite »ca. 4 cm«. Er schreibt *St. Maure* und notiert dazu »körniger grauer Zylinder mit einem Stöckchen darin«, er zeichnet den Käse und schätzt seine Höhe nach Augenmaß auf »ca. 20 cm«. Er schreibt *Chabicholi* und zeichnet einen kleinen Zylinder ...

»*Monsieur! Houhou! Monsieur!*« Eine junge rosagekleidete Käseverkäuferin reißt ihn aus seinen Notizen. Er ist an der Reihe, er muß sich äußern, alle in der Schlange hinter ihm beobachten schon sein unpassendes Verhalten, schütteln die Köpfe mit jener halb ungeduldigen, halb ironischen Miene, mit welcher die Großstädter heutzutage die wachsende Zahl der Schwachsinnigen in den Straßen betrachten.

Der erlesene Feinschmeckerwunsch, den er vortragen wollte, ist ihm entfallen, er stammelt und zieht sich auf das Gängigste, das Banalste, das Produkt mit der größten Werbung zurück – als hätten die Automatismen der Massenzivilisation nur auf diesen Moment seiner Unsicherheit gewartet, um ihn wieder in ihre Gewalt zu bringen.

SARAH KIRSCH

DER MILCHMANN SCHÄUFFELE

Der Milchmann Schäuffele aus Böhmen
Fährt einen kleinen Wagen der ist wie ein Haus
Wenn es regnet wird er nicht naß nur wenn er anhält
Tropft Wasser von seinem Hut, da gibt
Er reichlich ins Maß in Emailletöpfe bauchige Gläser
Schäuffele hat eine Glocke und einen Riemen dran
Kommt er hört mans deutlich
                          Schäuffele
Was hast du für ein Pferd?
Ich denk einen Apfelschimmel sagt er
                                 morgens
Die weiße Milch nachmittags weil ich Zeit hab keine
    Familie
Helf ich auf dem anderen Wagen fahr die gestorben
    sind
Schäuffele
Du bekommst zweierlei Zaumzeug eine
Blaue Schürze die nach Käsen riecht
Einen schwarzen Rock weil man muß Farbe bekennen
    und
Einen runden glänzenden Hut dem hängt
Ein Wölkchen Räucherwerk an
                             ist gut
Sagt der Milchmann obwohl
Das Rauchwerk mir wenig gefällt, er steigt
Auf den kleinen milchfarbnen Wagen
Zählt die Kannen die Käserollen die
Schöneckigen Butterstücke, nimmt die Zügel sieht her
O sagt er unter dem Dach vor, das ist wichtig wo

Fahr ich hin auf deinem Papier, nach vorn die Zeit oder
   zurück
Was wird dann aus mir?
                         Schäuffele
Gäbs einen Grund dich gradaus fahrn zu lassen – da ist
Keine Ausnahme für dich und das Pferd, Schäuffele fahr
   vorsichtig daß
Du die Milch nicht vergießt
                         was ich tun kann
Wär dir Familie zu geben eine gute Frau ein Enkelkind
Ich bitt dich sagt er
                   allein
Ist die Fahrt schon böse genug
                              so rollt er
Die Straße hinab gibt Milch in Emailletöpfe bauchige
   Krüge
Das Pferd geht langsam wegen der Milch, es geht
Mit hängendem Kopf von der Nachmittagsarbeit
Das Zaumzeug ist rot das Zaumzeug ist schwarz
                                            Schäuffele
Wird man den Wagen zerschlagen das Zugtier blenden,
   bald
Wird viel Milch verlaufen durch die
Denen er reichlich im Regen gab

VII. CHACUN À SON GOÛT

Ich habe die scharfgewürzten Gerichte geliebt, die von einem guten neapolitanischen Koch zubereiteten Makkaroni, Ogliapotrida, Neufundländer Kabeljau, recht klebrig, Wildbret mit Hautgout und Käse, dessen Vortrefflichkeit sich zeigt, wenn die kleinen Wesen, die darin hausen, sichtbar werden. Was die Frauen betrifft, so habe ich immer gefunden, daß die jeweils Geliebte angenehm duftete, und je kräftiger sie schwitzte, desto köstlicher schien sie mir zu sein.

Casanova

JOHANN FISCHART

VON DES GRANDGOSCHIER VOLLBESTALLTER KUCHEN, KASTEN, UND KELLER: WAS ENDWEDER INS GLASS GEHORT, ODER AUFF DEN TELLER

Folgends hett er ein Schlachtordnung von weissen, plauen, gelben, grünen, aussetzigen, Zöhstinckenden, faulen, mürben, würmwüblenden und fallensichtigen Käsen, von Küen, Zigen, Geysen, Schafen, Reinigern, ja auch Eseln, Aber nicht von Bauren noch Beurinen: Dann er wußt, das *Caseus* und *cœpe*, die kommen *ad prandia sœpe:* Unnd *Caseus* und *Panis*, sind köstliche *Fercula Sanis*. Stunden derwegen da vielkrautige, Kütreckige, Graßgrüne Schabziger, sampt den Holeisen und hobeln auß Schweitzerland (dann dise gefüln ihm besser dann die Reibeisen zun Muscatnussen, unnd die Rubeneisen für faul Megd) Parmasaner auß Walen, die man nicht

CHACUN À SON GOÛT

schneiden, brechen, rauffen noch ropffen darff, sondern schaben, wie die Bairischen Rüblein, die köstlichkait halben den Gallileischen Feigen verglichen werden, Schwartzwälder auß Chaldea, Mönsterkäß auß dem Weinsas, Ziger von Glaris, Kreutzkäß von Werd, welche die Schweitzer gern im Wapen führen, Delsperger auß freien Bergen, Sanerkäß auß Wiflispurger Gäu, Geyßkäß auß Hessen, Speißkäß, Hasenkäß, auß der Grempen geses. Item Ostergottische Helsinger, Narwegianer, tausentpfündig Finlendisch Geyßkäß mit Mirten gereuchert, Bithinisch Käß, die von Muterleib gesaltzen sein, Scandisch Käß, die allein die Nastropfige Weiber machen, und in formen bachen, an deren eim zwen Bauren auff Mistberen, wie am Cananeischen trauben zuketschen haben, und die Rinde darvon für Tartschen und Schantzkörb prauchen, Auch Nemauserkäß, Wasgäuer, Hornbacher, Putlinger, Holender, Degenseer, Riser, Almer, Frißlender Mümpelkäs, der Meißner Napkäß und Querge etc. Unnd was dergleichen mehr sind: die legt und setzt er auff einander stafelsweiß für Pollwerck wie die Gerber ihre Loskäß, und die inn Nordwegen ihre Stockfisch.

Es war ihm ein lust zuzusehen (wer gern Purgiren wolt) wann er die vermoderte, verkoderte, verschloderte unnd verfallene Käßzinnen etwann mit schauffeln auff das Brot striche, und die lebendige Käß und Lindwürm zwischen seinen Zänhammern unnd Mülsteinen also sauberlich zermalmet und zerknirschet, das es lautet als wann ein Galgen voll gestiffelter Bauren bei Nacht durch das Kot ins Dorff stampfften und postierten, oder ein viertzig Baurenmeydlin auff der Alp Stro in Leymen tretten, daß ihnen das Leymwasser zur quinternen

KÄSE

hinauff stritzet. Dann nach seim todt, haben etliche Lumpenstämpffige Papirer, unnd Saurpäppige Buchbinder, sein ober und nider gebiß für GlättZän geprauchet.

Um aufs Essen zurückzukommen, so darf ich mir vielleicht die mit Hilfe Gottes womöglich nicht gänzlich verfehlte Bemerkung erlauben, daß ich mich mitunter nach nichts anderem so aufrichtig sehne wie nach einem tüchtigen, niedlichen Schabzigerstöckchen, wozu mir ganz bestimmt Tee geschlürft sein müßte. Die Kombination mag freilich etwas eigenartig und darum gewagt erscheinen.

Unbesonnen und ungezogen wäre ich, wenn ich hier, wo es nach Schabziger duftet, von den herrlichen Sonetten Bürgers reden wollte, was ich lieber unterlasse. Indem jedoch der Signor schreibt oder sagt, daß er schweigen will, schwätzt er geradezu bedenklich. Die Schriftstellerei ist ein recht seltsames Gewerbe.

Robert Walser

MANUEL VÁZQUEZ MONTALBÁN
CAMEMBERT MIT TOMATENMARMELADE

Das vorzügliche Menü ließ Biscuters kritische Reserviertheit immer mehr dahinschmelzen, so daß er schließlich jedesmal, wenn sich der Besitzer näherte, die Gelegenheit wahrnahm, um ihn zu loben. Als sie beim überbackenen Camembert mit Tomatenkonfitüre angelangt waren, ging er sogar so weit, dem Maître die Hand zu drücken und so laut, daß es im halben Restaurant zu hören war, auszurufen: »Ich gratuliere Ihnen! Nur ein Genie kann auf den Gedanken kommen, einen Camembert zu überbacken!«

Der Wein und die Kalorien hatten sein Gesicht gerötet, und als er wieder am Tisch saß, gab er Charo ein Küßchen und erklärte: »Ich mußte das einfach sagen, weil es ein verdammt gutes Abendessen war, Chef, einfach großartig, und ich und Sie, Chef, wir beide können das beurteilen, weil wir etwas davon verstehen! Und Sie, Señorita Charo, müssen durch den Umgang mit uns auch schon eine Expertin sein. Uns führt man nicht so einfach mit ein paar Tricks hinters Licht. Wir wissen es zu schätzen, wenn gute Ideen gut ausgeführt sind. Korrekte Arbeit, stimmt's, Chef?«

»Laß mich aus dem Spiel, Biscuter, ich hab keine Ahnung vom Kochen. Mir schmeckt es gut und damit basta. Ihr seid die Experten, du und Pepe!«

Antonio kam, setzte sich zu dem Trio an den Tisch und plauderte mit ihnen darüber, was sie gerade gegessen hatten. Biscuter lobte ihn rückhaltlos.

»Das Korrekteste von allem war der überbackene Camembert, Chef, und das sage ich nicht nur wegen des Geschmacks, sondern wegen der Idee! Auf die Idee kommt es an!«

Unentschieden, ob er sich beleidigt oder geschmeichelt fühlen sollte, unterhielt sich der Besitzer mit Biscuter wie mit der Puppe eines Bauchredners oder einem altklugen Kind. Aber Carvalhos Schildknappe war begeistert von seiner Rolle und seiner Krawatte und schloß die kleinen Äuglein, um sie vor dem Rauch der ›Churchill Romeo und Julia‹ zu schützen, aber auch, um sich nichts von all den wissenschaftlichen Ausführungen entgehen zu lassen, die aus dem Munde des Besitzers kamen. Charo lauschte dieser dialektischen Begegnung mit offenem Mund, und Carvalho betrachtete Biscuter voll Staunen und mit einer gewissen Besorgtheit; von Zeit zu Zeit empfing er auch skeptische Blicke von seinem Schüler, der Aufmerksamkeit und Bestätigung für seine Ausführungen suchte. Biscuter legte seinen kleinen, kurzen und durchsichtigen Finger an seine gewölbte, umnebelte Stirn.

ALPHONSE DAUDET

DIE KÄSESUPPE

Es ist ein kleines Zimmer im fünften Stock, eine dieser Mansarden, wo es direkt auf die Fledermausfenster regnet und die – wenn wie jetzt die Nacht hereingebrochen ist – sich mit den Dächern in der Dunkelheit und dem Stoßwind zu verlieren scheinen. Dennoch ist der Raum schön, gemütlich, und man empfindet beim Betreten ein unbestimmtes Gefühl von Wohlbehagen, welches das Windgetöse und die Regenströme, die von den Traufen rinnen, noch erhöhen. Man könnte meinen, man befände sich in einem molligwarmen Nest hoch oben auf einem großen Baum. Zur Zeit ist das Nest leer. Der Hausherr ist nicht da; aber man spürt, daß er bald heimkommen wird, und alles in seiner Wohnung scheint ihn

CHACUN À SON GOÛT

zu erwarten. Auf einem guten, mit Asche zugedeckten Feuer kocht still mit einem zufriedenen Brummeln ein kleiner Topf. Für einen Kochtopf ist es etwas spät, aufzubleiben; wenn auch jener, nach seinen von der Flamme versengten Seiten zu urteilen, die Arbeit gewohnt zu sein scheint, wird er hie und da ungeduldig und hebt, durch den Dampf in Wallung gebracht, seinen Deckel. Dann steigt ein einladender warmer Dunst hoch und verbreitet sich im ganzen Zimmer.

Käseverkäufer, um 1490

KÄSE

Oh! Der herrliche Duft der Käsesuppe …

Mitunter befreit sich auch das bedeckte Feuer ein wenig. Die zusammengestürzte Asche fällt zwischen die Holzscheite, und ein Flammenschimmer huscht, die Wohnung von unten bescheinend, über das Parkett, wie um seine Inspektion zu machen, sich zu vergewissern, daß alles in Ordnung ist. Ja, wahrhaftig! Alles ist in bester Ordnung, und der Hausherr kann kommen, wann immer er will. Die buntgestreiften Vorhänge sind vor die Fenster gezogen, behaglich um das Bett drapiert. Dort streckt sich der große Lehnstuhl vor dem Kamin; in einer Ecke steht der Tisch mit der anzündbereiten Lampe, dem Gedeck für eine Person und daneben das Buch, der Gefährte der einsamen Mahlzeit … Und so wie der Kochtopf vom Feuer versengt ist, sind die Blumen auf dem Geschirr vom Wasser verblichen, ist das Buch an den Rändern abgegriffen. Auf all dem liegt die rührende, etwas abgenutzte Spur einer Gewohnheit. Man merkt, daß der Hausherr jede Nacht sehr spät heimkommen muß und daß er zu Hause gern dieses kleine Abendbrot, das bei gelindem Feuer kocht und das Zimmer bis zu seiner Rückkehr mit Duft erfüllt und warm hält, vorfindet.

Oh! Der herrliche Duft der Käsesuppe …

Nach der Reinlichkeit dieser Junggesellenwohnung zu urteilen, stelle ich mir einen Angestellten vor, eines dieser allzu genauen Geschöpfe, die auf ihr ganzes Leben die Pünktlichkeit der Bürozeit und die Ordnung der etikettierten Aktenbündel übertragen. Um so spät heimzukommen, muß er einen Nachtdienst bei der Post oder auf dem Telegrafenamt haben. Ich sehe ihn von hier aus hinter einem Drahtgitter mit glanzseidenen Ärmeln

CHACUN À SON GOÛT

und Samtkäppchen, wie er Briefe sortiert, stempelt, die blauen Depeschenbänder abspult, für das schlafende oder sich amüsierende Paris all seine morgigen Geschäfte vorbereitet. Doch nein! Das ist falsch. Da beleuchtet beim Visitieren des Zimmers der schwache Schein des Herdfeuers große, an der Wand hängende Photographien. Sogleich treten aus dem Dunkel, goldgerahmt und majestätisch drapiert, Kaiser Augustus, Mohammed, Felix, der römische Ritter, Gouverneur von Armenien, Kronen, Helme, Tiaren, Turbane, und unter diesen verschiedenen Kopfbedeckungen sieht man immer den nämlichen ernsten und aufrechten Kopf, den Kopf des Hausherrn, des glücklichen Herrn, für den diese würzige Suppe bei gelindem Feuer auf der warmen Asche sacht kocht ...

Oh! Der herrliche Duft der Käsesuppe ...

Ach nein! Jener ist kein Postangestellter. Er ist ein Kaiser, ein Gewaltiger, eines dieser von der göttlichen Vorsehung bestimmten Wesen, die an jedem Theaterabend die Gewölbe des Odéons erzittern lassen und die nur zu sagen brauchen: »Wachen, nehmt ihn fest!«, und schon gehorchen die Wachen. Jetzt befindet er sich dort in seinem Palast auf der anderen Seite des Flusses. Den Kothurn an den Füßen, die Chlamys um die Schulter, irrt er in den Säulengängen umher, deklamiert, runzelt die Stirn, hüllt sich mit verdrießlicher Miene in seine tragischen Tiraden. Es ist wirklich so lästig, vor leerem Haus zu spielen! Und der Saal im Odéon ist an den Tragödienabenden so groß, so kalt! ... Plötzlich fühlt der Kaiser, halberfroren unter seinem Purpur, einen Wärmeschauer über den ganzen Körper laufen. Sein Blick flammt auf, seine Nasenflügel blähen sich ... Er denkt

KÄSE

daran, daß er daheim sein Zimmer noch warm, den Tisch gedeckt, die Lampe bereit und sein ganzes kleines Zuhause schön aufgeräumt vorfinden wird, mit dieser bürgerlichen Sorgfalt der Komödianten, die sich im Privatleben für das etwas ausschweifende Verhalten auf der Bühne Genugtuung verschaffen ... Er sieht, wie er den Deckel vom Kochtopf nimmt, seinen geblümten Teller vollschöpft ...

Oh! Der herrliche Duft der Käsesuppe ...

Von diesem Augenblick an ist er nicht mehr derselbe Mensch. Die geraden Falten seiner Chlamys, die Marmortreppen, die Strenge der Säulengänge, haben nichts bedrückendes mehr für ihn. Er belebt sich, spielt schneller, treibt die Handlung voran. Stellen Sie sich doch vor! Wenn das Feuer dort ausginge ... So wie der Abend fortschreitet, nähert sich seine Vision und verleiht ihm Schwung. O Wunder! Das Odéon taut auf. Die alten Stammgäste im Parkett, aus ihrer Erstarrung erwacht, finden, daß dieser Marancourt wirklich großartig ist, vor allem in den letzten Szenen. Feststeht, daß auf dem dramatischen Höhepunkt, im entscheidenden Moment, wo man die Verräter erdolcht, die Prinzessinnen verheiratet, der Gesichtsausdruck des Kaisers eine einzigartige Glückseligkeit und Heiterkeit ausstrahlt. Da der Magen wie ausgehöhlt ist von soviel Gefühlsausbrüchen, soviel Tiraden, vermeint er, er sitze daheim an seinem kleinen Tisch, und sein Blick geht von Cinna zu Maximus mit einem wohlwollenden Lächeln der Rührung, als sähe er schon die hübschen weißen Fäden, die sich am Ende des Löffels, wenn die Käsesuppe bei gelindem Feuer gargekocht ist und warm serviert wird, langziehen ...

Peter Jakob Horemans:
Stilleben mit vornehmer Dame

VORARLBERGER KÄSESUPPE

Für 4– 5 Personen

40 g	Butter
1 EL	Mehl
¾ l	Hühner- oder Gemüsebrühe
⅛–¼ l	trockener Weißwein
etwa 200 g	Bergkäse, grob gerieben
1	Becher süße Sahne (etwas davon für die Verzierung beiseite stellen)
1	Eigelb
	gehackte Kräuter (z. B. Kerbel, Schnittlauch, Petersilie usw.)
	frischgemahlener Pfeffer

Das Mehl in der Butter anschwitzen lassen, langsam mit Brühe aufgießen und zu einer Béchamel verkochen lassen. Restliche Brühe hinzufügen. Den geriebenen Käse dazugeben und mit Weißwein aufgießen. Leicht köcheln lassen. Die Sahne mit dem Eigelb verquirlen und ebenfalls hinzufügen. Nicht mehr aufkochen. Mit Pfeffer würzen. (Salz ist nicht nötig.)

Zum Schluß die gehackten Kräuter dazugeben. In Suppentassen anrichten und jede Tasse mit einer Sahnehaube verzieren.

VIII. DER ANGRIFF DES KILLERKÄSES

Käse ist morgens Gold, mittags Silber und abends Blei.

Volksweisheit

Käse vor dem Essen dem Hunger dien.
Und nach dem Essen als Medizin.

Sprichwort

Käse ist ein wunderlich Ding. Alles verdaut er, nur sich nicht!

Englisches Sprichwort

JUDITHS KÄSEGERICHT

Auch Frauen sind verpflichtet, die Hanukka-Kerze anzuzünden, denn auch sie waren dabei, als dieses Wunder geschah.

Die Erklärung: Die Feinde kamen, um alle zu vernichten, Männer, Frauen und Kinder. Und man sagt, daß durch eine Frau dieses große Wunder für sie gewirkt wurde. Ihr Name war Judith, und der Überlieferung zufolge war sie die Tochter von Jochanan, dem Hohepriester, und sie war sehr schön. Der Griechenkönig sagte, daß er bei ihr liegen wolle. Da gab sie ihm ein Käsegericht zu essen, damit er durstig würde, zu viel trinke

KÄSE

und sich betrinke, sich niederlege und schlafe. Und so geschah es; er legte sich nieder und schlief ein, und sie nahm sein Schwert und schlug seinen Kopf ab und brachte ihn nach Jerusalem. Als das Heer sah, daß sein Anführer tot war, floh es. Deswegen bereitet man für Hanukka ein Käsegericht zu.

Aus dem »Kol Bo«

Käseverkäufer (mit Kreuzkäse), um 1500

MOLIÈRE
KÄSE GEGEN HYPOKRISIE

THIBAUT. Harr Dokter, wir kommen zu Sie, mein Sohn Perrin und ich …

SGANARELL. Was gibts denn?

THIBAUT. Seine armselige Mutter, Parrette heet se, liggt nu all sechs Mond in ihr krankes Bett.

SGANARELL *(ihm die Hand entgegenstreckend, wie um Geld zu empfangen)*. Was soll ich dazu tun?

THIBAUT. Wir möchten garne, Herr Dokter, daß Sie uns so 'ne kleine Drogerie für ihr geben, daß wir ihr damit karieren täten.

SGANARELL. So muß ich wissen, was ihr fehlt.

THIBAUT. Sie hat Hypokrisie, Herr Dokter.

SGANARELL. Hypokrisie?

THIBAUT. Ja, dat soll heißen, sie is ganz und gar aufgeblasen; un sie sagen ja, das kommt von die Menge Nervosität her, die sie im Leibe hat, un dat ihre Leber, ihr Magen oder ihre Milz, wie Sie das nun nennen tun, daß aus die statts Blut bloß Wasser rauskömmt. Ummer einen um den annern Tag, denn hat sie 's Quartalsfieber, mit Müdigkeiten un Weihtagen vorn an die Fußschnauzen. In ihrer Gurgel hört man so 'n Rasseln, wo sie beinah an stickt, un manchmal denn packen sie so 'ne Synkopen un Konversionen, daß ich beglövt bin, se is all afschwammt. Wir haben in unser Dorf en Apotheker, nich för ungut, der hat ihr all ich weiß nich wie viele Klistierien eingegeben; kost mich all mehr als ein rundes Dutzend gute harte Taler für Lawemangs, nähmen 's mich nich äwel, un Apostumen, die er sie schlucken läßt, für Injektionen mit Hyazinth un

KÄSE

für kordiale Patschjonen. Aber das war allens man sozusagen Katzendreck. Na, nu wollte er ihr noch eine Sache eingeben, die man vinum colchicum nennt, aber da hab ich, geraderaus gesagt, Angst, daß dat sie dann gleich ad patribus expediert, un sie sagen ja, die großmächtigen Dokters hätten schon ich weiß nich wieviel Leutchens mit diese Erfindung umgebrungen.

SGANARELL *(immer noch die Hand ausstreckend).* Zur Sache, Freund, zur Sache.

THIBAUT. Die Sache is, Herr Dokter, daß wir Ihnen bitten wollten, dat Sie uns segt, wat wir nun tun sollen.

SGANARELL. Ich kann Ihn gar nicht verstehn.

PERRIN. Herr Dokter, uns' Mudder is krank, un hier sünd twei Dalers, dat Se uns en bet wat för ehr mitgäwen wullen.

SGANARELL. Ah, das verstehe ich. Da hätten wir einen Jungen, der deutlich zu reden weiß und sich richtig ausdrückt. Er sagt, seine Mutter sei an Hydropisie erkrankt, sie sei am ganzen Körper geschwollen, sie habe Fieber mit Schmerzen in den Füßen, sie habe manchmal Synkopen und Konvulsionen, das heißt Ohnmachten und Krämpfe?

PERRIN. Jawoll, Herr Dokter, grad dat is dat.

SGANARELL. Seine Rede kann ich ganz gut verstehen. Er hat einen Vater, der nicht weiß, was er spricht. Ihr wollt also eine Arznei?

PERRIN. Jawoll.

SGANARELL. Eine Arznei, die sie gesund macht?

PERRIN. So hebben wi dat meent.

SGANARELL. Da, nehm Er dies Stück Käse und geb Ers ihr zu essen.

PERRIN. Käs, Herr Dokter?

SGANARELL. Ja, das ist ein besonders präparierter Käse, dem Gold, Korallen und Perlen und noch eine Menge anderer kostbarer Dinge beigemengt sind.
PERRIN. Herr Dokter, vorlöpig besten Dank, wi warden ehr dat glieks nähmen laten.
SGANARELL. Geh Er nur. Wenn sie stirbt, sorgt für ein erstklassiges Begräbnis.

BERNARD TEYSSANDIER

VON DER ROHMILCH ZUR PASTEURISIERUNG

Die Rohmilch ist eine Vollmilch, d.h. eine noch nicht entrahmte Milch. Sie besitzt ihren ganzen natürlichen Fettgehalt. Sie darf nur in den achtundvierzig Stunden nach dem Melken verkauft werden, ihre Haltbarkeit im Kühlschrank beträgt nicht mehr als vierundzwanzig Stunden. Sie ist also ein leicht verderbliches Produkt. Das sie nicht erhitzt worden ist, wird diese Milch in ihrem Naturzustand verkauft. Sie hat einen feinen Geschmack, vor allem, wenn sie von Almweiden oder aus wenig industrialisierten Landstrichen kommt. Wird Rohmilch für die Herstellung von Bauernkäsen oder ausgewählten Industriekäsen verwendet, so ist dies im allgemeinen ein Zeichen für höchste Qualität.

Pasteurisierte Milch ist erhitzte Milch. Man kocht sie nicht gerade, aber ihre Temperatur wird auf 72–85 °C erhöht. Diese Milch kann als Vollmilch, als Magermilch oder als teilentrahmte Milch (15–18 Gramm Fett pro Liter) verkauft werden. Sie kommt bald nach dem Melken in den Handel, doch kann man sie bis zu fünf Tage

KÄSE

im Kühlschrank aufbewahren. Die pasteurisierte Milch, Voll- oder Magermilch, wird zur Herstellung zahlreicher Industriekäse verwendet. Da sie weniger leicht verderblich ist, können Käse aus pasteurisierter Milch länger gelagert werden.

Die Vollmilch ist eine lebende Substanz, daher kann sie Krankheitskeime enthalten. Die Pasteurisierung verändert natürlich den Geschmack der dicken Milch, aber sie vernichtet auch normalerweise diese Keime.

In den Jahren 1980–90 war die Verwendung von Rohmilch bedroht. Es galt daher für die Erhaltung der traditionellen Käseherstellung zu kämpfen.

Der »Quotidien de Paris« vom 18.10.1985 brachte folgende Überschrift: »Die Deutschen erklären den französischen Käsen den Krieg.«

In den USA festgestellte und der Rohmilch zugeschriebene Fälle von Vergiftungen hatten deutsche Interessengruppen dazu bewogen, ein Verbot für Rohmilchkäse zu fordern.

Derselbe Artikel endete aber auch mit einer erfreulichen Wendung: er deckte schließlich auf, daß die für den Zwischenfall verantwortlichen Käse letzten Endes aus – pasteurisierter Milch hergestellt waren.

Ernster wurde die Angelegenheit mit dem Vacherin.

Der »Matin« vom 26.11.1987 meldete Fälle von Listerose-Erkrankungen, die auf sehr gefährliche und in bestimmten Käsen nachgewiesene Bakterien zurückzuführen waren.

In der Schweiz und in Belgien war damals sogar von »tödlichem Vacherin« die Rede – natürlich einem französischen Käse.

Die »Libération« vom 8.12.1987 griff die Angelegenheit

wieder auf: Nur der französische Vacherin Mont-d'Or sei Träger dieser Krankheitskeime gewesen. Ende November sei zum Leidwesen der Bergbauern des Haut-Doubs die Produktion dieses renommierten Käses eingestellt worden.

Am 1.1.1988 kommentierte der »Quotidien de Paris« einen Artikel des absolut seriösen Blattes »Science et Vie«. Die Zeitschrift behauptete, daß Listera-Bakterien in der Rinde des französischen Vacherins tatsächlich vorkamen. Zum selben Zeitpunkt protestierten die Berufsverbände, und der Landwirtschaftsminister sprach von »Psychose«.

Honoré Daumier: Der Zeitungsleser beim Käsehändler

KÄSE

Frankreich schien zu jener Zeit wirklich auf verlorenem Posten zu stehen. Ihm gegenüber mobilisierte sich das Europa der Hygieniker, fest entschlossen, im Namen der Gesundheit durchzugreifen. Einige Hardliner gingen so weit, alle Weichkäse mit gewaschener Rinde zu verdächtigen. Im Land des Käses brach eine Panik aus. Schließlich kam es zur Gündung von Schutzgemeinschaften für die Rohmilch, im November 1991 wurden in Frankreich mehr als dreißigtausend Unterschriften gesammelt.

Ein im Juni 1992 unterzeichnetes europäisches Abkommen besiegelte den Sieg der Traditionalisten: Die Rohmilch bleibt! Der Käse war noch einmal davongekommen.

Im nachhinein könnten bestimmte Informationen durchaus ein Lächeln hervorrufen: letzten Endes wurde eindeutig nachgewiesen, daß der tödliche Vacherin aus pasteurisierter Milch hergestellt worden war (»L'Express«, 12.12.1991).

Überdies stellte man wie zufällig fest, daß Listera-Bakterien nicht nur in Käse vorkamen. Wissenschaftliche Stellen bescheinigten, daß sie sich in der Tat auch in grünem Salat, in Meerestieren und selbst in Wurstwaren finden ließen. Nur in übermäßiger Konzentration wurden sie schädlich.

Diese hitzige Schlacht erreichte es immerhin, den Anteil der Rohmilchkäse (15%) an der nationalen Käseproduktion rechtlich abzusichern. Seither können die Liebhaber des Rohmilchkäses wieder aufatmen.

Ein Beweis dafür, daß die französischen Käsetraditionen jenseits unserer Grenzen einhellige Zustimmung finden, ist die vom englischen Prinzen Charles bekundete

Unterstützung. Anfang März 1992 machte Seine Königliche Hoheit nämlich bei einem Frankreichbesuch folgende ironische Bemerkung über die bürokratischen Anmaßungen auf kulinarischem Gebiet: »Natürlich braucht man ein Amt, um zu prüfen, ob dieser oder jener Käse nicht von unwürdiger Qualität ist. Daß dieses Amt es sich nur nicht herausnehme, uns zu sagen, irgendein traditioneller regionaler Käse enthalte zuviel Käse!«

Limburger Käsehändler, um 1800

IX. KÄSE DER ANDEREN ART

New York ist ein gotischer Roquefort. –
San Francisco läßt mich an einen romanischen Camembert denken.

Salvador Dalí

ROBERT WALSER
DIE GESCHICHTE DES HERRN CAMEMBERT

Einmal gab es einen Menschen namens Camembert. Ein käseliges Geschlecht, das, beim Eid! Herrn Camemberts Gattin hielt ihn für verstorben. Die Nachricht, er sei in der Schlacht am Glasberg fürs Vaterland umgekommen, schien die Glaubenswürdigkeit selbst. Frau Camembert fand inzwischen Gelegenheit, Herrn von Spiegelei zu heiraten, dessen gewinnendes Benehmen ihr in jeder Hinsicht zusagte. Während sie sich aus der Beweinung des Verschollenen ein Vergnügen machte, der am Glasberg in ein Massengrab gelegt worden war, leistete sich das Geschehen den Witz, daß es Camembert aus des Grabes Nacht zu entschlüpfen gestattete. Vollständig verlottert langte er eines schönen Tages, wie uns Herr Mehlsack versichert, dem wir die Erzählung verdanken, in der Stadt an, wo sich Herr und Frau Spiegelei eines sorglosen Daseins freuten. Daß ich Mehlsack zu erwähnen vergaß, ist ein Fehler, den ich hier korrigiere. Der Dichter Mehlsack schrieb spielend; mit staunenswerter Mühelosigkeit bewältigte er ein imposantes Lebenswerk. Als die Spiegeleier von der Ankunft der Portion Käse Be-

KÄSE

scheid erhielten, würde ihnen ein Überraschtheitsschrei entglitten sein, wenn sie sich nicht beherrscht hätten, und nun ratschlagten sie, was angesichts des schwierigen Falles zu tun sei. Befürchtungen nahmen ihnen beinahe den Atem. Bereits bereiteten sie sich vor, allen camembertlichen Ansprüchen den Ausruf entgegenzusetzen: »Unverschämter!« Sie täuschten sich jedoch insofern sehr, als Camembert ein Mädel kennenlernte, in deren Besitz er sich glücklich pries, denn sie war schön wie der Tag und lieblich wie das Licht, das demselben Schönheit spendet. Anläßlich einer Unterredung mit seiner Früheren besaß er die Unhöflichkeit, zu ihr zu sagen: »Dein bißchen Hübschsein wird von einer Strahlenden übertroffen, die mit Vergnügen den Namen Camembert trägt.« Frau von Spiegelei war sprachlos. Camembert gründete mit Hilfe eines Kredites, der ihm infolge günstig lautender Information eröffnet wurde, eine Handlung, die sich glänzend bewährte. Mehlsacks Original mündet ins Tragische, indes sich meine Anlehnung im Gewande der Komik gefällt. Bei Meister Mehlsack kommt's zu einem für Freund Camembert unglücklich ablaufenden Prozeß; bei mir wird solches säuberlich vermieden. Genannter deckte sogenannte Schlechtigkeiten auf, während der Verfasser vorliegender Zeilen zu den Schriftstellern gehört, die das Unfeine usw. ignorieren, das hierdurch seine Bedeutung einbüßt. Mein Kniff besteht darin, daß ich für Ausgeglichenheit bei einem vermutlich Unzufriedenen sorgte. Welch ein Erfolg war das für ihn!

EUGEN EGNER

DAS KOSMISCHE KÄSEBROT

*Von den Schwierigkeiten, sich vernünftig
und gesund zu ernähren*

Meine Vorfahren waren seit Generationen Plantagenarbeiter in den Südstaaten der USA gewesen. Ein paar von ihnen hatten es durch Abendkurse geschafft, ins Kleinbürgermilieu aufzusteigen. So auch mein Großvater mütterlicherseits, der es vom Hobo zum Eisenbahnsekretär gebracht hatte. Mein Vater, gelernter Elektriker, hatte nach seiner Rückkehr aus dem Zweiten Weltkrieg flugs die Gitarren im gesamten Mississippi-Delta elektrifiziert.

Durch fortgesetzte falsche Ernährung der ganzen Familie wurden Weiße (Deutsche) aus uns. Doch noch heute weist mein Familienname auf unseren Ursprung hin, ein Anagramm von Egner ergibt Neger.

Früher, als Schwarze im Süden der USA, haben wir immer gegrillte Hähnchen gegessen, Unmengen sogar. Wenn wir aus dem Urlaub heimkamen (wir fuhren stets zu Verwandten, die nur Corned beef aßen), stellte mein Vater, und wenn es mitten in der Nacht war, vor dem Haus die Koffer ab und köpfte schnell ein paar Hühner, die dann noch in derselben Nacht zubereitet und verzehrt wurden. Hühner, Hühner, Hühner.

Mein erstes Käsebrot habe ich, schon als Weiß-Deutscher, mit neunzehn Jahren in einer fremden Wohnung gegessen. Dieses erste Käsebrot ließ mich auf der Stelle zum Lakto-Vegetarier werden und zog über die Jahre ungezählte Käsebrote nach sich. Man kannte mich nur mit

KÄSE

einem Käsebrot in der Hand, anders konnte man sich mich nicht vorstellen. Mit meinen Eltern und Verwandten überwarf ich mich bald aus Ernährungsgründen. Sie hatten, auch als Weiße, das heftige Hühneressen und die als Arbeiter in den Schlachthöfen von Chicago erworbenen Eßgewohnheiten beibehalten. Meine Vorliebe für Käsebrote empfanden sie als Entartung. Als ich auch noch mit französischem Rotwein anfing, hieß es, ich sei schwul. Zu Hause trank man Terpentin mit Zucker oder Whiskey, auch ›Canned Heat‹, ein geleeartiger Treibstoff in Dosen, war sehr beliebt. Ich fand Zettel auf der Treppe, auf denen stand »Wir haben keinen Sohn mehr« und ähnliches.

Also machte ich mein Glück im Norden. Jeden Abend gab es eine Crème-fraîche-Soße, einen Schokoladen-Pudding oder eine Quarkspeise. Nachts erwachte ich, um Käsebrote zu essen.

Aus heiterem Himmel, als sollte durch eine weitere ernährungsbedingte Metamorphose ein Chinese aus mir werden, kam die große Milch-Aversion über mich. Eine Frau, von der ich vor Jahren meinen kränkelnden Kater bekommen hatte, einen Kater übrigens, der mittlerweile dermaßen mit Pharmazeutika und Giftrückständen aus glas- und holzhaltigem Katzenfutter vollgepumpt ist, daß ihn nicht mal meine karnivoren Verwandten während einer Hungersnot essen würden, jene Frau also öffnete mir eines Tages die Augen. Sie war von Käsebroten und Milchspeisen fast ins Grab gezerrt worden. Nun erfuhr ich, was für ein Wahnsinn der Milchkonsum ist. Irreparable Stoffwechselschäden, Krebs, Osteoporose, Rinderwahn und weiß der Teufel, was man noch davon bekommen kann. Und einem Freund, der an Knochener-

KÄSE DER ANDEREN ART

weichung litt, verordnete der von der Milchindustrie gekaufte Arzt täglich zwei Liter Milch! Und meine Eltern tranken H-Milch! Wie recht haben die Chinesen, indem sie Milch verschmähen, ja nicht einmal ein Enzym zur Milchverdauung besitzen! Mir wurde klar, daß Kuhmilch nur etwas für junge Kühe ist, und daß man ansonsten daraus besser, wie bei Walter Kempowski nachzulesen, Tische und Anzüge macht.

Ab sofort keine Sahnesoßen mehr, keine Quarkspeisen und, was das Schlimmste war: keine Käsebrote mehr. Ich hatte Todesangst vor Käsebroten bekommen, denn die Kombination Käse (verfaulte Milch) und Brot (angebranntes Getreide) hatte sich ernährungsphysiologisch als das Gefährlichste herausgestellt, was es überhaupt gab. Ich schob Kommoden vor die Türen und nagelte die Fenster zu. Stündlich rechnete ich mit einer Käsebrot-Attacke vergleichbar mit der der Vögel in Hitchcocks gleichnamigem Film.* Sie blieb aus. Durch die Dunstabzugshaube kamen jedoch Rohkost-Propheten herabgefahren, die auf meinem Herd Wunderheilungen und Bekehrungen vornahmen. Zu der Angst vor Käsebroten gesellte sich ab sofort Ekel vor jeglicher gekochten Nahrung, dem Nährboden für Krebszellen. Zudem rannte meine Mutter gegen die verriegelte Tür an, um mir mit ihrem Südstaaten-Zuckerkuchen Gutes zu tun. Eine schwierige Zeit für mich.

Meine Mitmenschen aßen inzwischen kunstvoll aufbereitete Fertiggerichte aus Schimmelpilzen und Schlachtereiabfällen. Die Frage, die Walter Kempowski im Zusammenhang mit der oben von mir zitierten Passage ge-

* Der Film heißt ›Die Vögel‹, nicht: ›Die Käsebrote‹.

KÄSE

stellt hatte, nämlich ob man wohl aus Tischen (oder waren es Stühle?) und Anzügen wiederum Milch würde machen können, wurde von der Food-Industrie inzwischen mit »Ja« beantwortet.

Mit meiner Verwandtschaft und meiner Herkunft war ich fertig, mit Milchprodukten, Käsebroten und gekochter Nahrung war ich fertig, mit Rohkost inzwischen auch, künstliche Ernährung stand für mich nicht zur Diskussion. Meines Bleibens in dieser Welt war nicht länger.

Nein, nicht Selbstmord (etwa durch Käsebrot-Verzehr) war mein Ausweg aus der Misere. Ich zog eine konstruktive Lösung vor, die allerdings nur mittels besonderer Beziehungen zu bewerkstelligen war. Es zahlte sich nun endlich aus, daß ich, durch einen unentrinnbaren Knebelvertrag an einen berüchtigten, aber umsatzstarken Taschenbuchverlag gebunden, jahrelang unter Pseudonym unzählige Science-fiction-Geschichten geschrieben hatte. Durch meine auf diesem Gebiet erworbenen Kenntnisse und Verbindungen konnte ich am kritischsten Punkt meiner Existenz die Erde verlassen, ohne zu sterben. Passenderweise wurden just in diesem Moment aufgelaufene VG-Wort-Tantiemen von astronomischer Höhe auf mein Bankkonto ausgeschüttet, so daß ich mir bequem die Passage zu einem ruhigen, hinter Alpha Centauri gelegenen Planeten namens ›Bo Diddley‹ (nicht zu verwechseln mit dem Asteroiden ›Hühner-Hugo‹) leisten konnte.

Hier war ich bis zum Eintritt in den vorgezogenen Ruhestand maßgeblich an Entwicklung und Herstellung eines psychedelischen Brotaufstrichs mit Käsebrotgeschmack beteiligt. Ernährungsbedingte Hiobsbotschaften erreichten mich nie wieder. Heute, auf dem Altenteil, geht es mir ganz ausgezeichnet. Besagter Brotaufstrich ist aber auch wirklich grandios: schmackhaft, nahrhaft, bekömmlich und überdies herzhaft halluzinogen. Hier bleibe ich.

Ja, es war ein weiter Weg vom Mississippi-Delta bis hierher. Er hat sich gelohnt.

INGO INSTERBURG
DIE KÄSEMADE

Die Käsemade ist gelblich grau,
sie ist sehr häßlich anzuschaun,
und ich vertrete nun die These,
die Welt der Made ist großer Käse.

JULIANE GÜDE
DER HALVE HAHN

Wer in Köln einen *Halven Hahn* bestellt, der auf keiner »gut kölschen« Speisekarte fehlen darf, bekommt mitnichten ein halbes Hähnchen, sondern statt dessen ein Röggelchen (für Nicht-Kölner: ein Roggenbrötchen) mit zwei dicken Scheiben alten oder mittelalten Goudas vorgesetzt, meist begleitet von Butter und Senf.

Wie der Halve Hahn nun zu seinem Namen kam, dafür gibt es verschiedene Erklärungen. Zwei davon scheinen mir durchaus plausibel:

So sagen die einen, die Namensgebung ginge darauf

KÄSE

zurück, daß einst ein Wirt einem Gast, der ein halbes Käsebrötchen bestellt hatte, ein ganzes Röggelchen mit Käse vorgesetzt haben soll. Worauf dieser geantwortet habe: »Nää, nää, ich will doch nur ne halve han!«

Einer anderen Tradition zufolge soll ein Kriegsveteran von der »Schäl Sick« (rechtsrheinisches Köln) in den siebziger oder achtziger Jahren des 19. Jahrhunderts den Halven Hahn erfunden haben. Als er anläßlich seines Geburtstages in die Lage kam, seine Kriegskameraden bewirten zu müssen, hatte er, der bekannt war für seine Sparsamkeit, zuvor mit dem Wirt ausgemacht, daß er zwar für jeden ein halbes Hähnchen bestellen werde, man aber jedem – wie aufgrund eines Mißverständnisses – nur ein Käsebrötchen reichen solle.

Zum Halven Hahn trinkt man obergäriges Kölsch, keinen Wein und schon gar kein Düsseldorfer Alt, zumindest nicht in Köln.

JEAN DE LA FONTAINE

DER WOLF UND DER FUCHS

Wie kommt's nur, daß Äsop vom Fuchse immer spricht,
Als wär ihm Schlauheit mehr als anderen gegeben?
Ich such den Grund davon, allein ich find ihn nicht.
Wenn einmal muß der Wolf verteidigen sein Leben
   Und wenn er andre überfällt,
   Ob er sich dann wohl dümmer stellt?
Ich glaube, klüger noch, und möchte mich erfrechen,
Dem Meister in dem Punkt einmal zu widersprechen.
Mir ist ein Fall bekannt, der keine Ehre macht
Dem Höhlengräber. Einst sah bei Beginn der Nacht

KÄSE DER ANDEREN ART

Das Bild des Vollmonds er in tiefen Brunnens Grund,
  Ihm schien's ein Käse, groß und rund.
  Zwei Eimer immer wechselnd hoben
  Das feuchte Element nach oben.
Der Fuchs, den fürchterlich der böse Hunger drängt,
Setzt in den Eimer sich, der grade oben hängt,
  Und läßt sich darin schnell hinab,
  Reinecke sitzt im Brunnengrab,
  Enttäuschet und in großer Not,
  Von nahem Tode schlimm bedroht.
Denn wie soll er hinauf, wenn nicht ein ander Tier
  Zum Bild gelockt durch gleiche Gier,
  Ablösend ihn in seinem Leid,
Ihn zieht auf gleichem Weg aus der Verlegenheit?
  Zwei Tage gehen hin, und niemand kommt
                            zum Brunnen.
Indessen hat die Zeit, die tät'ge, schon begonnen
  Zu schmälern, wie es ihre Pflicht,
Vom silbernen Gestirn das runde Angesicht.
  Herr Fuchs ist in Verzweiflung schier,
  Da kommt der Wolf, das durstge Tier,
  Vorbei. Der Fuchs ruft: »Kamerad,
Bewirten will ich dich. Siehst du wohl, was hier lacht?
Ein fetter Käse ist's. Gott Faun hat ihn gemacht,
  Jo hat ihm die Milch gebracht.
  Wär Jupiter selbst krank und matt,
Dadurch würd er zurück den Appetit erlangen.
  Ich hab dies Rändchen abgenagt
Und hoffe, daß der Rest dir prächtig bald behagt.
Steig in den Eimer, den ich dazu hingehangen.«
Wenn möglichst gut er auch begründet die Geschicht,
  War doch der Wolf ein dummer Wicht.

KÄSE

Er glaubt es, führt hinab und zieht durch seine Schwere
Empor den Meister Fuchs, der sonst verloren wäre.
Nicht spotten dürfen wir; so dürftger Grund oft reicht
  Schon hin, uns Menschen selbst zu fangen.
  Wir alle glauben allzuleicht,
  Was wir erwünschen, was wir bangen.

PHAEDRUS

DER FUCHS UND DER RABE

Wer sich durch eines Heuchlers Lob geschmeichelt fühlt,
Wird in zu später Reue seine Strafe finden.
  Von einem Fenster stahl ein Rabe einen Käse
Und setzte sich damit auf einen hohen Baum.
Der Fuchs, der ihn erblickte, fing zu reden an:
»Welch hoher Glanz entstrahlt, o Rabe, deinen Federn!
Und welche Anmut trägst du im Gesicht und Körper.
Hättst du auch Stimme, überträfst du selbst den Adler.«
Und während er die Stimme hören lassen will,
Entfällt der Käse seinem Schnabel, den jetzt schnell
Der list'ge Fuchs mit seinen gier'gen Zähnen raubte.
Jetzt endlich sah der Rabe seine Dummheit ein.

X. DREIKÄSEHOCH

Zicke, Zicke, Häschen,
Mutter, gib mir'n Käschen,
Mutter, gib mir'n Butterbrot,
ach, das schmeckt doch gar zu gut!

Kinderreim

Ich ging mal in die Stadt.
»Ich auch.«
Da kam ich an einen Laden.
»Ich auch.«
Da sah ich viele schöne Sachen.
»Ich auch.«
Da kauft' ich einen Käse.
»Ich auch.«
Der Käse, der stank.
» — «

Kinderscherz

RENÉ GOSCINNY
DER SCHULRAT WAR DA

Der Schulrat hat auch sehr laut gelacht, aber der brauchte ja auch niemanden um Erlaubnis zu fragen. Na, wie er gesehen hat, daß keiner von uns lacht und daß sich nichts rührt, da hat er die Augenbrauen wieder run-

tergezogen, hat ein paarmal gehustet und dann hat er gesagt: »Also schön – genug gescherzt. Und nun an die Arbeit.« »Wir haben eine Fabel durchgesprochen«, hat die Lehrerin gesagt, »Der Rabe und der Fuchs!« »Ausgezeichnet, sehr schön«, hat der Schulrat gesagt, »bitte, fahren Sie nur fort.« Unsere Lehrerin hat so getan wie wenn sie in der Klasse herumsucht und dann hat sie mit dem Finger auf Adalbert gezeigt und hat gesagt: »Du – Adalbert, sag uns mal die Fabel auf.« Aber der Schulrat hat mit der Hand gewedelt. »Erlauben Sie«, hat er gesagt, und dann hat er auf Chlodwig gezeigt, »du da hinten – nein, du. Sag mir die Fabel auf.« Chlodwig hat den Mund auf und zu gemacht und dann hat er angefangen zu weinen. »Nanu? Was hat er denn?« hat der Schulrat gefragt. Die Lehrerin hat gesagt, man muß Rücksicht nehmen auf

KÄSE

Chlodwig, weil er so schüchtern ist und dann ist Roland drangekommen. Roland ist ein prima Kamerad und sein Vater ist Polizist. Roland hat gesagt er kennt die Fabel nicht auswendig, aber er weiß so ungefähr, um was es sich handelt. Und er hat angefangen zu erklären, daß es eine Geschichte ist von einem Raben, der einen Roquefort im Schnabel hat. »Einen Roquefort?« hat der Schulrat gefragt und er hat immer erstaunter ausgesehen. »Quatsch«, hat Otto dazwischengerufen, »es war ein Camembert.« »Blödsinn«, hat Roland gesagt. »Den Camembert hätte er ja gar nicht im Schnabel halten können – der fließt ja runter. Und außerdem stinkt er.« »Kann sein er stinkt, aber schmecken tut er prima«, hat Otto gerufen. »Außerdem – das heißt nichts: Seife riecht auch gut und man kann sie trotzdem nicht essen. Ich hab's probiert – einmal und nicht wieder!« »Pöh«, hat Roland geschrien, »du bist ja doof – und überhaupt, das sag ich meinem Papa und dann gibt er deinem Papa einen Haufen Protokolle!« Und dann haben sie sich gehauen.

Wir sind alle aufgesprungen und haben mitgeschrien, außer Chlodwig, nämlich der hat hinten in seiner Ecke gesessen und weitergeheult. Und Adalbert ist inzwischen zur Tafel gegangen und hat angefangen, das Gedicht aufzusagen. Die Lehrerin, der Schulrat und der Rektor, die haben geschrien: »Aufhören! … Hinsetzen …!« Und es war prima.

Auf einmal war Schluß und wir haben uns alle hingesetzt. Der Schulrat hat sein Taschentuch genommen und hat sich das Gesicht abgetrocknet, aber dabei hat er sich das ganze Gesicht voll Tinte geschmiert und es war schade, daß wir nicht lachen durften, sondern wir haben warten müssen bis zur Pause und das war nicht leicht.

XI. KÄSE UND EROS

LONGOS

DER DANK DAPHNIS' UND CHLOES

Als nun Philetas sie das alles gelehrt hatte, ging er seiner Wege, mit einigen Käsen und einem Böcklein beschenkt, dem schon die Hörner wuchsen; sie aber blieben allein zurück, und da sie jetzt zum erstenmal den Namen Eros vernommen hatten, versank ihre Seele in Leidenschaft, und als sie mit der Nacht zu den Ställen heimgekehrt waren, verglichen sie das Gehörte mit ihren eigenen Gefühlen: »Den Liebenden ist weh ums Herz, und so auch uns. Sie kümmern sich um Dinge nicht, die auch uns gleichgültig geworden sind. Sie können nicht schlafen, und so geht es jetzt auch uns. Sie glauben zu brennen, und auch in uns lodert ein Feuer. Sie möchten sich immer nur ansehen; deshalb wünschen auch wir, es möchte schneller Tag werden. Wahrscheinlich ist das die Liebe, und wir lieben einander, ohne zu wissen, ob das die Liebe ist und ob ich der Liebende bin. Warum denn sonst fühlen wir solche Qual? Warum suchen wir einander? Philetas hat in allem wahr gesprochen. Dieses Kind aus dem Garten erschien auch unsern Vätern damals in jenem Traum und befahl, wir sollten die Herden weiden. Wie könnte es jemand fangen? Es ist klein und wird davonfliegen. Wie könnte ihm jemand entkommen? Es hat Flügel und wird jeden einholen. Bei den Nymphen sollten wir Schutz und Hilfe suchen. Aber auch dem Philetas hat Pan nicht geholfen, als er die Amaryllis liebte. So müssen wir also zu den Heilmitteln unsere Zuflucht nehmen, die er uns genannt hat, Kuß

KÄSE

und Umfangen und nackt auf der Erde liegen. Zwar ist es bereits recht kühl, aber wir werden es nach dem Vorbild des Philetas schon aushalten.«

François Boucher: Schäfer und Schäferin

Oh, wie vorzüglich sind der Chambertin und der Roquefort geeignet, die Liebeskraft zu erneuern und eine beginnende Liebe schnell zur Reife zu bringen.

Casanova

JULIANE GÜDE
DIE ENTSTEHUNG DES ROQUEFORT

Vor langer Zeit weidete ein junger Hirte seine Schafe unweit der Grotten von Cambalou. Dort am Eingang zur Höhle ließ er sich auch nieder, um sein Mittagsmahl zu verzehren, das aus frischem Schafskäse und einem Stück Roggenbrot bestand.

Doch als er damit gerade beginnen wollte, sah er in einiger Entfernung ein liebreizendes Mädchen vorübergehen, auf das er schon lange ein Auge geworfen hatte. Als sich nun ihre Blicke trafen, konnte ihn nichts mehr halten, und er eilte der Angebeteten nach.

So sehr hatte ihn die Leidenschaft erfaßt, daß er nicht nur seine Pflicht, die Schafe zu hüten, sondern auch seine Mahlzeit vergessen hatte. Erst Wochen später, als er seine Schafe wieder an denselben Ort geführt hatte, dachte er daran und fand auch tatsächlich das inzwischen verschimmelte Brot mit dem Käse wieder, das in eine Felsspalte gefallen war. Da er Hunger hatte, konnte ihn auch der nicht gerade appetitliche Anblick des merklich gereiften Käses nicht davon abhalten, in diesen zu beißen. Und o Wunder, wie köstlich mundete ihm dieser Käse, der in seinem Inneren von blaugrünem Schimmel – dem Penicillium roqueforti – durchzogen war.

So idyllisch wie in dieser Sage geht es heute natürlich nicht mehr zu bei der Herstellung des Roquefort in den Höhlen von Roquefort-sur-Soulzon, denn dort und nur dort darf der berühmte Weichkäse reifen, der seit dem 26. Juli 1926 als erster Käse den AOC-Status genießt. Aber noch heute spielen nicht nur die Luftzirkulation in den Karsthöhlen, sondern auch das Roggenbrot eine

KÄSE

wichtige Rolle für die Entwicklung des Penicillium roqueforti: Um seine Entstehung anzuregen, werden spezielle Brotlaibe in eine der Höhlen gelegt, die aus Roggen- und Hafermehl bestehen und mit Hefe gebacken werden. Nach drei Monaten sind sie dann von einem feinen Schimmelflaum überzogen, der eingesammelt, getrocknet und schließlich gemahlen wird. Mit diesem feinen Schimmelstaub wird dann der geformte Käsebruch bestäubt und regelrecht geimpft, um danach drei Monate lang in den Höhlen zum eigentlichen Käse heranzureifen.

Du mein Leben, meine Wonne,
      mein Vergnügen, meine Lust!
Du mein Augenstern! Mein Mündchen!
      Du mein Küßchen! Du mein Herz!
Mein Genuß! Mein Zuckerhonig!
      Meine kondensierte Milch!
Du mein kleiner, weicher Käse!

Plautus, »Poenulus«

Wenn ich einen heiratsfähigen Sohn hätte, würde ich ihm sagen: »Hüte Dich vor jungen Mädchen, die weder Wein, noch Trüffel, noch Käse oder Musik lieben.«

Colette

JOHANNES MARIO SIMMEL
BEIM KOCHEN FÜR DIE AMIS ENTFLAMMT THOMAS LIEVENS HERZ

Kurt Westenhoff kam mit seiner schönen Sekretärin. Drei CIC-Agenten hatten deutsche Freundinnen eingeladen. Und dazu saßen noch zwei sehr, sehr attraktive Damen vom sogenannten »Art Collecting Point« am Tisch, die eine in einer französischen Uniform, die andere in einem ein wenig abgetragenen weißen Kleid, auf das bizarre Blumen gemalt waren.

Die Dame in der französischen Uniform wurde Mademoiselle Daniella genannt. Thomas kannte sie schon – der Stimme nach. Daniella pflegte in der »Pariser Stunde« von »Radio München« die neuesten französischen Chansons vorzutragen – mit vibrierender Schlafzimmerstimme. Die charmante Person war unbestrittener Mittelpunkt der Party.

Ihre deutsche Begleiterin stand völlig in ihrem Schatten. Christine Troll hieß das Mädchen mit dem langen, schwarzen Haar, den langbewimperten schwarzen Augen und dem großen Mund. Sie war Sekretärin im »Art Collecting Point«.

Von dieser Institution berichtete die Französin die amüsantesten Episoden. Die Damen und Herren der amerikanischen »Kunstwerke-Sammelstelle« amtierten auf dem Königsplatz, im kleineren der beiden sogenannten »Führerbauten«. Ihre Aufgabe war es, all jene Kunstwerke aufzustöbern und sicherzustellen, die unter dem Naziregime in den besetzten Gebieten, aber auch in Deutschland den Besitzer gewechselt hatten durch Beschlagnahme, Verlagerung oder Raub.

KÄSE

»Sichergestellt«, so berichtete Mademoiselle Daniella, hatten die Nazis in Paris die berühmtesten Sammlungen von Rothschild, Goldschmidt und Schloß. Aber wo waren all diese Schätze hingekommen?

Allein an Gemälden hatten die Nazis 14000 Werke »verlagert« – aber wohin? Im Kloster Dietramszell, im Kloster Ettal, in den Salinen von Alt-Aussee förderten die Kunst-Detektive Meisterwerke zutage ... wenig, wenig, verglichen mit dem, was verschwunden war.

Nach dem Einmarsch hatten amerikanische Truppen den Führerbau 1 den Deutschen übergeben. »Nehmt das Zeug, es hat ja doch nur Hitler gehört« – so hatten ein paar flinke Münchner die Sieger verstanden. Sie »übernahmen« in der Tat, was sie fanden ...

Manche dieser Gemälde, so erzählte Mademoiselle Daniella, wurden später wiedergefunden, als der »Collecting Point« in der Umgebung des Königsplatzes – mit Unterstützung der Military Police – eine Razzia in über tausend Privatwohnungen vornahm. Dabei fand man herrlichste, unschätzbare Meisterwerke wieder, als Matratzen-Unterlagen oder Fensterverschalungen.

Natürlich hatten auch die Amerikaner geplündert. Mademoiselle Daniella berichtete vom Erlebnis eines Kunsthändlers in der Maximilianstraße. Bei dem war am Tage nach der Eroberung Münchens ein Sherman-Panzer vorgefahren. Die Panzerleute holten den Kunsthändler auf die Straße und zeigten ihm ein Bild, das sie vorne an den Tank gebunden hatten. Dem Experten erstarrte das Blut in den Adern. Was da auf den schmutzigen, öligen Panzerplatten hing, war nichts anderes als ein berühmtes, in allen Kunstbänden vorzufindendes Rembrandt-Gemälde, das Porträt des Rabbiners von Amsterdam, und zwar das *Original*.

Der Kunsthändler und die Soldaten wurden nicht einig. So fuhren die Sieger mit ihrem Schatz kettenrasselnd davon. Wohin? Das wußte niemand. Der Rembrandt ist nie wieder aufgetaucht ...

Solcherlei Erzählungen ließen Gastgeber und Gäste fröhlich werden. Man trank Gin und Juice. Thomas ging in die Küche, um nach Bastian, dem Serviermädchen und dem Rehrücken zu sehen. Er fand alle drei wohlauf. Die Exnachrichtenhelferin saß auf Bastians Knien. Äußerlich war sie sehr rot. Innerlich war sie wohl immer noch braun. Thomas stach in den Rehrücken und fand, daß es sich bei diesem umgekehrt verhielt. Er gab dem balzenden Bastian die entsprechenden Anweisungen und kehrte in den Salon zurück.

Hier erzählte Mademoiselle Daniella noch immer. Thomas setzte sich neben die bescheidene, schöne Christine Troll und hörte zu. Er fühlte, wie er einen Schwips bekam. Auch die Augen der hübschen, dunklen Christine glänzten verdächtig. Er sagte zu ihr: »Es gibt gleich Essen!«

»Gott sei Dank, ich bin schon tipsy«, bekannte sie mit tiefer, heiserer Stimme. (Wo ich tiefe, heisere Stimmen so liebe, dachte Thomas. Wie alt ist die Kleine wohl? Höchstens fünfundzwanzig. Hm. Süßes Mädchen ...)

Auch beim Essen unterhielt Mademoiselle Daniella ihre Tischgenossen weiter mit ihren Stories.

Thomas war verstimmt. Gerade mit dem Parmesan-Pudding habe ich mir so viel Mühe gegeben, dachte er. Und kein Mensch achtet darauf, kein Mensch lobt ihn.

KÄSE

Das hatte er gerade gedacht, da sagte Christine, die neben ihm saß, leise: »Hinreißend, dieser Pudding. So etwas Gutes habe ich noch nie gegessen!«

Thomas blühte auf. Ach, was für ein Mädchen!

PARMESANPUDDING NACH THOMAS LIEVEN

Man nehme 120 g Butter, rühre sie schaumig, menge sechs Eigelb, 80 g geriebenen Parmesankäse, ¼ Liter saure Sahne, etwas Salz, 140 g Mehl und zuletzt den steifen Eiweißschnee der sechs Eier darunter. – Man fülle die Masse in eine gebutterte und bemehlte Puddingform, lasse sie 45 Minuten im Wasserbad kochen. – Man stürze den Pudding auf eine große runde Platte, umgebe ihn mit 150 g feingehacktem Schinken und mit buttergeschwenkten grünen Böhnchen, die man mit hackter Petersilie bestreut.

XII. WAS SIE SCHON IMMER ÜBER KÄSE
wissen wollten, aber bisher nicht zu fragen wagten

Es ist so vieles unvollkommen in dieser Welt. Warum, zum Beispiel, hat der Schweizer Käse Löcher, während der Limburger so dringend Belüftung braucht?

Verfasser unbekannt

KURT TUCHOLSKY
WO KOMMEN DIE LÖCHER IM KÄSE HER –?

> Das Werk zwingt schon durch die Gelehrsamkeit, die in ihm verkocht erscheint, Bewunderung ab, besonders einem Leser wie mir, dessen Bildung an Emmentaler Käse erinnert, indem sie wie dieser größtenteils aus Lücken besteht.
> *Alfred Polgar*

Wenn abends wirklich einmal Gesellschaft ist, bekommen die Kinder vorher zu essen. Kinder brauchen nicht alles zu hören, was Erwachsene sprechen, und es schickt sich auch nicht, und billiger ist es auch. Es gibt belegte Brote; Mama nascht ein bißchen mit, Papa ist noch nicht da.

»Mama, Sonja hat gesagt, sie kann schon rauchen – sie kann doch noch gar nicht rauchen!« – »Du sollst bei Tisch nicht reden.« – »Mama, guck mal die Löcher in dem

KÄSE

Käse!« – Zwei Kinderstimmen, gleichzeitig: »Tobby ist aber dumm! Im Käse sind doch immer Löcher!« Eine weinerliche Jungenstimme: »Na ja – aber warum? Mama! *Wo kommen die Löcher im Käse her?«* – »Du sollst bei Tisch nicht reden!« – »Ich möchte aber doch wissen, wo die Löcher im Käse herkommen!« – Pause. Mama: »Die Löcher ... also ein Käse hat immer Löcher, da haben die Mädchen ganz recht! ... ein Käse hat eben immer Löcher.« – »Mama! Aber dieser Käse hat doch keine Löcher! Warum hat der keine Löcher? Warum hat der Löcher?« – »Jetzt schweig und iß. Ich hab dir schon hundertmal gesagt, du sollst bei Tisch nicht reden! Iß!« – »Bwww –! Ich möcht aber wissen, wo die Löcher im Käse ... aua, schubs doch nicht immer ...!« Geschrei. Eintritt Papa.

»Was ist denn hier los? Gun Ahmt!« – »Ach, der Junge ist wieder ungezogen!« – »Ich bin gah nich ungezogen! Ich will nur wissen, wo die Löcher im Käse herkommen. Der Käse da hat Löcher, und der hat keine –!« Papa: »Na, deswegen brauchst du doch nicht so zu brüllen! Mama wird dir das erklären!« – Mama: »Jetzt gib du dem Jungen noch recht! Bei Tisch hat er zu essen und nicht zu reden!« – Papa: »Wenn ein Kind was fragt, kann man ihm das schließlich erklären! Finde ich.« – Mama: »Toujours en présence des enfants! Wenn ich es für richtig finde, ihm das zu erklären, werde ich ihm das schon erklären. Nu iß!« – »Papa, wo doch aber die Löcher im Käse herkommen, möcht ich doch aber wissen!« – Papa: »Also, die Löcher im Käse, das ist bei der Fabrikation; Käse macht man aus Butter und aus Milch, da wird er gegoren, und da wird er feucht; in der Schweiz machen sie das sehr schön – wenn du groß bist, darfst du auch mal mit in die Schweiz, da sind so hohe Berge, da liegt ewiger Schnee darauf – das ist schön, was?« – »Ja. Aber Papa, wo kommen denn die Löcher im Käse her?« – »Ich habs dir doch eben erklärt: die kommen, wenn man ihn herstellt, wenn man ihn macht.« – »Ja, aber ... wie kommen denn die da rein, die Löcher?« – »Junge, jetzt löcher mich nicht mit deinen Löchern und geh zu Bett! Marsch! Es ist spät!« – »Nein! Papa! Noch nicht! Erklär mir doch erst, wie die Löcher im Käse ...« Bumm. Katzenkopf. Ungeheuerliches Gebrüll. Klingel.

Onkel Adolf. »Guten Abend! Guten Abend, Margot – 'n Ahmt – na, wie gehts? Was machen die Kinder? Tobby, was schreist du denn so?« – »Ich will wissen ...« – »Sei still ...!« – »Er will wissen ...« – »Also jetzt bring den Jungen ins Bett und laß mich mit den Dummheiten in Ruhe! Komm, Adolf, wir gehen solange ins Herrenzimmer; hier wird gedeckt!« – Onkel Adolf: »Gute Nacht! Gute Nacht! Alter Schreihals! Nu hör doch bloß mal ...! Was hat er denn?« – »Margot wird mit ihm nicht fertig – er will wissen, wo die Löcher im Käse herkommen, und sie hats ihm nicht erklärt.« – »Hast dus ihm denn erklärt?« – »Natürlich hab ichs ihm erklärt.« – »Danke, ich rauch jetzt nicht – sage mal, weißt *du* denn, wo die Löcher herkommen?« – »Na, das ist aber eine komische Frage! Natürlich weiß ich, wo die Löcher im Käse herkommen! Die entstehen bei der Fabrikation durch die Feuchtigkeit ... das ist doch ganz einfach!« – »Na, mein Lieber ... da hast du dem Jungen aber ein schönes Zeugs erklärt! Das ist doch überhaupt keine Erklärung!« – »Na, nimm mirs nicht übel – du bist aber komisch! Kannst du mir denn erklären, wo die Löcher im Käse herkommen?« – »Gott sei Dank kann ich das.« – »Also bitte.«

KÄSE

»Also, die Löcher im Käse entstehen durch das sogenannte Kaseïn, was in dem Käse drin ist.« – »Das ist doch Quatsch.« – »Das ist kein Quatsch.« – »Das ist wohl Quatsch; denn mit dem Kaseïn hat das überhaupt nichts zu … gun Ahmt, Martha, gun Ahmt, Oskar … bitte, nehmt Platz. Wie gehts? … überhaupt nichts zu tun!«

»Was streitet ihr euch denn da rum?« – Papa: »Nu bitt ich dich um alles in der Welt; Oskar! du hast doch studiert und bist Rechtsanwalt: haben die Löcher im Käse irgend etwas mit Kaseïn zu tun?« – Oskar: »Nein. Die Käse im Löcher … ich wollte sagen: die Löcher im Käse rühren daher … also die kommen daher, daß sich der Käse durch die Wärme bei der Gärung zu schnell ausdehnt!« Hohngelächter der plötzlich verbündeten reisigen Helden Papa und Onkel Adolf. »Haha! Hahaha! Na, das ist eine ulkige Erklärung! Der Käse dehnt sich aus! Hast du das gehört? Haha …!«

Eintritt Onkel Siegismund, Tante Jenny, Dr. Guggenheimer und Direktor Flackeland. Großes »Guten Abend! Guten Abend! – … gehts? … unterhalten uns gerade … sogar riesig komisch … ausgerechnet Löcher im Käse! … es wird gleich gegessen … also bitte, dann erkläre du –!«

Onkel Siegismund: »Also – die Löcher im Käse kommen daher, daß sich der Käse bei der Gärung vor Kälte zusammenzieht!« Anschwellendes Rhabarber, Rumor, dann großer Ausbruch mit voll besetztem Orchester: »Haha! Vor Kälte! Hast du schon mal kalten Käse gegessen? Gut, daß Sie keinen Käse machen, Herr Apolant! Vor Kälte! Hähä!« – Onkel Siegismund beleidigt ab in die Ecke.

Dr. Guggenheimer: »Bevor man diese Frage entscheiden kann, müssen Sie mir erst mal sagen, um welchen Käse es sich überhaupt handelt. Das kommt nämlich auf den Käse an!« Mama: »Um Emmentaler! Wir haben ihn gestern gekauft ... Martha, ich kauf jetzt immer bei Danzel, mit Mischewski bin ich nicht mehr so zufrieden, er hat uns neulich Rosinen nach oben geschickt, die waren ganz ...« Dr. Guggenheimer: »Also, wenn es Emmentaler war, dann ist die Sache ganz einfach. Emmentaler hat Löcher, weil er ein Hartkäse ist. Alle Hartkäse haben Löcher.«

Direktor Flackeland: »Meine Herren, da muß wohl wieder mal ein Mann des praktischen Lebens kommen ... die Herren sind ja größtenteils Akademiker ...« (Niemand widerspricht.) »Also, die Löcher im Käse sind Zerfallsprodukte beim Gärungsprozeß. Ja. Der ... der Käse zerfällt, eben ... weil der Käse ...« Alle Daumen sind nach unten gerichtet, das Volk steht auf, der Sturm bricht los. »Pö! Das weiß ich auch! Mit chemischen Formeln ist die Sache nicht gemacht!« Eine hohe Stimme: »Habt ihr denn kein Lexikon – ?«

Sturm auf die Bibliothek. Heyse, Schiller, Goethe, Bölsche, Thomas Mann, ein altes Poesiealbum – wo ist denn ... richtig!

GROBKALK BIS KERBTIERE

Kanzel, Kapital, Kapitalertragssteuer, Karbatsche, Kartätsche, Karwoche, *Käse* –! »Laß mich mal! Geh mal weg! Pardon! Also:

›Die blasige Beschaffenheit mancher Käsesorten rührt her von einer Kohlensäureentwicklung aus dem Zucker der eingeschlossenen Molke.‹« Alle, unisono: »Hast es. Was hab ich gesagt?« ... »»eingeschlossenen Molke, und ist ...‹ wo geht denn das weiter? Margot, hast du hier eine

KÄSE

Seite aus dem Lexikon rausgeschnitten? Na, das ist doch unerhört – wer war hier am Bücherschrank? Sind die Kinder …? Warum schließt du denn den Bücherschrank nicht ab?« – »Warum schließt du den Bücherschrank nicht ab ist gut – hundertmal hab ich dir gesagt, schließ du ihn ab –« – »Nu laßt doch mal: also wie war das? Ihre Erklärung war falsch. Meine Erklärung war richtig.« – »Sie haben gesagt, der Käse kühlt sich ab!« – »*Sie* haben gesagt, der Käse kühlt sich ab – ich hab gesagt, daß sich der Käse erhitzt!« – »Na also, dann haben Sie doch nichts von der kohlensauren Zuckermolke gesagt, wie da drinsteht!« – »Was du gesagt hast, war überhaupt Blödsinn!« – »Was verstehst du von Käse? Du kannst ja nicht mal Bolles Ziegenkäse von einem alten Holländer unterscheiden!« – »Ich hab vielleicht mehr alten Holländer in meinem Leben gegessen wie du!« – »Spuck nicht, wenn du mit mir sprichst!« Nun reden alle mit einemmal.

Man hört:

– »Betrag dich gefälligst anständig, wenn du bei mir zu Gast bist …!« – »saurige Beschaffenheit der Muckerzolke …« – »mir überhaupt keine Vorschriften zu machen!« … »Bei Schweizer Käse – ja! Bei Emmentaler Käse – nein! …« – »Du bist hier nicht bei dir zu Hause! hier sind anständige Leute …« – »Wo denn –?« – »Das nimmst du zurück! Das nimmst du sofort zurück! Ich lasse nicht in meinem Hause meine Gäste beleidigen – ich lasse in meinem Hause meine Gäste nicht beleidigen! Du gehst mir sofort aus dem Haus!« – »Ich bin froh, wenn ich raus bin – deinen Fraß brauche ich nicht!« – »Du betrittst mir nicht mehr meine Schwelle!« – »Meine Herren, aber das ist doch …!« – »Sie halten überhaupt den Mund – Sie

WAS SIE SCHON IMMER ÜBER KÄSE WISSEN WOLLTEN ...

gehören nicht zur Familie! ...« – »Na, das *hab* ich noch nicht gefrühstückt!« – »Ich als Kaufmann ...!« – »Nu hören Sie doch mal zu: Wir hatten im Kriege einen Käse –« – »Das war keine Versöhnung! Es ist mir ganz egal, und wenn du platzt: Ihr habt uns betrogen, und wenn ich mal sterbe, betrittst du nicht mein Haus!« »Erbschleicher!« – »Hast du das –!« – »Und ich sag es ganz laut, damit es alle hören: Erbschleicher! So! Und nu geh hin und verklag mich!« – »Lümmel! Ein ganz fauler Lümmel, kein Wunder bei dem Vater!« – »Und deine? Wer ist denn deine? Wo hast du denn deine Frau her?« – »Raus! Lümmel!« – »Wo ist mein Hut? In so einem Hause muß man ja auf seine Sachen aufpassen!« – »Das wird noch ein juristisches Nachspiel haben! Lümmel! ...« – »Sie mir auch –!«

In der Türöffnung erscheint Emma, aus Gumbinnen, und spricht: »Jnädje Frau, es is anjerichtet –!«

4 Privatbeleidigungsklagen. 2 umgestoßene Testamente. 1 aufgelöster Soziusvertrag. 3 gekündigte Hypotheken. 3 Klagen um bewegliche Vermögensobjekte: ein gemeinsames Theaterabonnement, einen Schaukelstuhl, ein elektrisch heizbares Bidet. 1 Räumungsklage des Wirts.

Auf dem Schauplatz bleiben zurück ein trauriger Emmentaler und ein kleiner Junge, der die dicken Arme zum Himmel hebt und, den Kosmos anklagend, weithinhallend ruft:

»Mama! Wo kommen die Löcher im Käse her –?«

GUY BONNEFOIT
WELCHER WEIN ZUM KÄSE?

»e&t«: In jedem Restaurant, auch in den feinsten, wird dem Gast zum Käse unweigerlich Rotwein angeboten. Ist denn Rotwein nach wie vor das einzige von Feinschmeckern anerkannte Getränk zu Käse?

Guy Bonnefoit: Lange Jahre war man der Meinung, daß Rotwein und Käse am besten harmonieren. Heute erkennt man, auch in der Fachliteratur, einen Trend zum Weißwein. Ich für meinen Teil trinke sowohl roten als auch weißen Wein zum Käse. Voraussetzung für die Auswahl des Weins ist allerdings eine gewisse Käsekenntnis. Man kann zum Beispiel einen industriell hergestellten Brie nicht mit einem aus Rohmilch entstandenen »Brie de Meaux fermier« vergleichen, bei dem man noch schmeckt, was die Kuh gefressen hat. Der industriell hergestellte Käse schmeckt laktisch und cremig und paßt gut zu einem trockenen Weißwein. Dagegen verlangt ein Brie de Meaux, der wesentlich länger gereift ist und sehr komplex und angenehm schmeckt, nach einem Rotwein mit einem guten Gehalt an Gerbstoff. Als Weißwein kann ich mir dazu nur einen gehaltvollen Barrique-Wein vorstellen. Ziegenkäse hingegen verlangt nach einem erfrischenden Weißwein.

»e&t«: Eine klassische Käseplatte enthält ja von ganz milden, sahnigen Käsen bis zu scharfen Ziegen- oder Edelschimmel-Käsen eine Fülle verschiedener Aromen. Kann man da überhaupt eine Weinempfehlung geben?

Guy Bonnefoit: Es ist in der Tat beschwerlich, zu einer Vielzahl von Käsen verschiedener Art nur einen Wein anzubieten. Der Service in einem guten Restaurant sollte sich zuerst kundig machen, ob der Gast noch Wein hat.

In dem Fall sollte er maßgeschneidert dazu die richtige Käseauswahl anbieten. Und ansonsten sind die Restaurants gut beraten, die zum Käse Wein glasweise anbieten. Denn erst die Harmonie zwischen Käse und Wein führt zum gustativen Erlebnis.

Im übrigen wünsche ich mir, daß noch mehr Restaurants als bisher sich über die Qualität der Käse, die sie führen, Gedanken machen. Die Suche nach Qualität darf beim Käse nicht haltmachen, auch wenn ein Küchenchef sein Herz nur ungern einem fertigen Produkt öffnet, bei dem er kaum kreativ werden kann. Denn warum sollte man ein gutes Produkt verändern?

»e&t«: Könnten Sie ein oder zwei Beispiele nennen, in denen Käse und Wein überraschende Geschmacksharmonien eingehen?

Guy Bonnefoit: Ein Roquefort zum Beispiel schmeckt in der Regel würzig, kräftig und etwas animalisch. Wenn ich eine hundertprozentige Harmonie zwischen Käse und Wein suche, muß ich einen Wein finden, auf den die gleichen Kriterien zutreffen. Daher empfehle ich einen kräftigen, gerbstoffreichen Rotwein wie Gevrey-Chambertin oder Châteauneuf-du-Pape. Als Weißwein kommt nur ein Wein mit hoher Restsüße in Frage, gepaart mit einem Edelfäule-Ton. Denn der Penicillium roquefortii, der den Geschmack des Roqueforts mitprägt und ihm seine Würze verleiht, paßt am besten zu einem Weißwein, der auch einen Pilzton hat. Und die leicht animalische Note findet ihr Pendant in der entsprechenden Edelrestsüße. Käse mit gewaschener Kruste wie Munster oder Epoisses hingegen benötigen entweder Weißweine wie Gewürztraminer oder Scheurebe, weil die auch »animalische« Züge aufweisen, oder einen sehr kräftigen Rotwein.

FRANZ STRASSMANN
WER HAT DEN KÄSE ZUM BAHNHOF GEROLLT?

Wer hat den Käse zum Bahnhof gerollt?
Das ist ne Frechheit, wie kann man so was tun,
denn er war noch nicht verzollt.

Die Polizei hat sich hineingelegt,
jetzt ist sie böse sehr und grollt.
Weil man hat einen Käse zum Bahnhof gerollt.

JULIANE GÜDE
WIE KOMMT DER MÜNSTER ZUM KÜMMEL?

Schon in der Antike wurde Käse mit Kräutern gewürzt. Im späten Mittelalter und erst recht in der frühen Neuzeit, als durch den Handel mit dem eben erst entdeckten Doppelkontinent Amerika und anderen fernen Ländern in zunehmendem Maße Gewürze nach Europa importiert wurden, nahm auch deren Verwendung in der Küche zu. Gewürze zu verwenden, war lange Zeit den Reichen vorbehalten, nun aber konnte zwar immer noch nicht jeder, aber zumindest jeder wohlhabende Bürger sich diesen Luxus leisten. Auch Käse wurde und wird seither meist bereits während der Herstellung gewürzt.

Im Elsaß, wo die Mode des exzessiven Würzens bereits im 15. Jahrhundert weite Verbreitung gefunden hatte, gesellte man dem Münsterkäse zwei weniger exotische, dafür aber um so geschmacksintensivere Gewürze

KÄSE

hinzu: Kümmel und Anis. Man tat dies des Geschmackes wegen, sorgte damit aber zugleich auch für die bessere Verträglichkeit, denn beide Gewürze helfen, Blähungen zu lindern.

Noch heute pflegt man im Elsaß den Münster mit Kümmel zu servieren, obwohl dadurch das feine Käsearoma kaum mehr zur Geltung kommt. Deshalb sollte man den Kümmel dem industriell gefertigten Münster aus pasteurisierter Milch vorbehalten, um ihm wenigstens so ein wenig zu Geschmack zu verhelfen. Den Rohmilchmünster aus der Milch der Vogesenkühe aber sollte man – Bekömmlichkeit hin, Bekömmlichkeit her – pur genießen, höchstens in Begleitung eines Gläschens Gewürztraminer.

XIII. KÄSE SCHLIESST DEN MAGEN

Ein Nachtisch ohne Käse gleicht einer Schönen, der ein Auge fehlt.

J. A. Brillat-Savarin

Ein Nachtisch ohne Käse ist wie eine Schöne, der das Herz fehlt.

Gaston Derys

WILHELM BUSCH
PST!

Es gibt ja leider Sachen und Geschichten,
Die reizend und pikant,
Nur werden sie von Tanten und von Nichten
Niemals genannt.

Verehrter Freund, so sei denn nicht vermessen,
Sei zart und schweig auch du.
Bedenk: Man liebt den Käse wohl, indessen
Man deckt ihn zu.

TEXTNACHWEISE

Mit einem Sternchen versehene Titel* wurden von der Herausgeberin formuliert oder sind den abgedruckten Texten entnommen.

15 EIN RÄTSEL.
Käse Käse. Ein ungewöhnliches Rezeptbuch von Eike Linnich – mit ungewöhnlichen Zeichnungen von Janosch und dem »Nachruf auf einen Unverweslichen« von Rudolf Hagelstange. München: Mosaik Verlag, 1978. S. 90. – © 1978 Mosaik Verlag, München.

15 WALTER MÜNSTER: KÄSE – WAS IST DAS? [AUSZUG.]
W. M.: Käse selbstgemacht. Gesundes aus der Milch von Kuh, Schaf und Ziege. 2., aktualis. Aufl. Darmstadt: pala-verlag, 1993. S. 12. – © 1992 pala-verlag gmbh, Darmstadt.

17 ALEXANDRE DUMAS: KÄSE.
A. D.: Grand Dictionnaire de Cuisine. Paris: Lemerre, 1873. S. 576–578. [Übers. von J. G.]

20/21 SO ENTSTEHEN AUS EINEM ROHSTOFF VIELE KÄSESORTEN.
Käse. Hrsg. vom Auswertungs- und Informationsdienst für Ernährung, Landwirtschaft und Forsten (aid) e. V. mit Förderung durch das Bundesministerium für Ernährung, Landwirtschaft und Forsten. Bonn: aid, 1996. S. 18 f. – Mit Genehmigung des Auswertungs- und Informationsdienstes für Ernährung, Landwirtschaft und Forsten, Bonn.

22 CHRISTOPH WAGNER: ZWEISTROMKÄSE [AUSZUG].
C. W.: Käse für Kenner. Geschichte und Gegenwart der österreichischen Käsekultur. Photographien von Gerhard Trumler u. a. Wien: Edition Epikur im Verlag Brandstätter, 1993. S. 15–17. – © 1993 Christian Brandstätter Verlag, Wien.

24 BIBLISCHER KÄSE*.
Die Bibel oder die ganze Heilige Schrift des Alten und Neuen

Testaments nach der deutschen Übersetzung Martin Luthers.
1. Samuel 17,17 f., 2. Samuel 17,27–29, Hiob 10,8–12.

25 PLINIUS d. Ä.: KÄSE IM ALTEN ROM*.
C. Plinius Secundus d. Ä.: Naturkunde. Lat.-Dt. Buch XI: Zoologie: Insekten. Vergleichende Anatomie. Hrsg. und übers. von Roderich König in Zsarb. mit Joachim Hopp. München: Artemis Verlag, 1990. (Sammlung Tusculum.) S. 155–157. – © 1990 Artemis Verlag Düsseldorf/Zürich.

26 P. S.: RÖMISCHER BETON.
Originalbeitrag.

27 »UND WENN SIE MAL ...«
MENÜ. Das große moderne Kochlexikon. Hrsg. von der Menü-Redaktion unter Leitung von Helmuth Haenchen. Bd. 5: Ing–Köt. [Remseck bei Stuttgart:] Europart, [1982]. S. 221.

27 »NICHTS IST SCHWIERIGER ...«
»EIN LAND, DAS ...«
Käse Käse. S. 87.

27 »EIN VOLK, DAS ...«
Nach: Robert J. Courtine: Larousse – les fromages. Paris: Larousse, 1987. S. 70. [Übers. von J. G.]

28 SAINT-AMANT: DER KÄSE.
[Marc-Antoine de Gérard, Sieur de] Saint-Amant: Œuvres I. Les Œuvres (1629). Éd. crit. publ. par Jacques Bailbé. Paris: Didier, 1971. (Société des Textes Français Modernes.) S. 230–235. [Übers. von Leo Nadler.]

33 FRANZ MICHAEL FELDER:
DAS LEBEN AUF DER ALPE [AUSZUG].
F. M. F.: Aus meinem Leben. Hrsg. und eingel. von Anton E. Schönbach. Wien: Verlag des Literarischen Vereins, 1904. S. 149–152.

36 JOHANNA SPYRI: HEIDI BEIM GROSSVATER*.
J. S.: Heidi. Vollst. und ungek. Ausg. in einem Band. Ill. von Paul Hey. 2. Aufl. Frankfurt a. M.: Insel Verlag, 1978. (insel taschenbuch. 351.) S. 28–30.

39 MI VATTER ISCHT A APPEZEALLER ...
Volkslied aus dem Bregenzerwald, 1892, Satz von Franz Seidel. Aus: Vorarlberger Liederbuch. Klinge, mein Lied! Hrsg. von Eugen Elsäßer und Sr. M. Hildegardis Kraus. Innsbruck: Helbling, 1955. S. 35.

39 JEREMIAS GOTTHELF:
NATURGESCHICHTE DER KÄSEREIEN [AUSZUG].
J. G. (Albert Bitzius): Sämtliche Werke in 24 Bänden. In Verb. mit der Familie Bitzius und mit Unterst. des Kantons Bern hrsg. von Rudolf Hunziker und Hans Bloesch. Bd. 12: Die Käserei in der Vehfreude. Eine Geschichte aus der Schweiz. Bearb. von Hans Bloesch. Erlenbach-Zürich: Rentsch, 1922. S. 21–25, 32 f. [Kap. 2.]

45 HELMUT HETZEL: DER ALKMAARER KÄSEMARKT*.
H. H.: »Richtig Reisen« Holland. Mit Fotos von Andreas Schulz und Gudrun Wasmuth. 4. Aufl. Köln: DuMont, 1988. S. 190 f. – Mit Genehmigung von Helmut P. Hetzel, Den Haag.

49 ALBERTO SAVINIO: DAS KÄSEORCHESTER*.
A. S.: Stadt, ich lausche deinem Herzen. Aus dem Ital. von Karin Fleischanderl. Frankfurt a. M.: Suhrkamp, 1989. (suhrkamp taschenbuch. 2612.) S. 130–133. – © 1989 Suhrkamp Verlag Frankfurt am Main.

52 MIGUEL DE CERVANTES: DULCINEAS FREIGEBIGKEIT*.
M. de Cervantes Saavedra: Der sinnreiche Junker Don Quijote von der Mancha. Aus dem Span. von Ludwig Braunfels. Mit 23 Ill. von Grandville, einem Nachw. von Fritz Martini und Anm. der Braunfelsschen Übers. München: Artemis & Winkler, 1993. S. 309 f. [Aus: Kap. 31.] – © 1956 Winkler Verlag, München.

53 FRANCISCO GARCÍA PAVÓN: DER MANCHEGOKÄSE.
Spanische Reise. Ein literarischer Führer durch das heutige Spanien. Zsgest. von Ignacio Echeverria, Claudio Lopez de Lamadrid und Heinrich v. Berenberg. Berlin: Wagenbach, 1987. (Quartheft. 155.) S. 108–110. [Übers. von Wilfried Böhringer.] – © 1987 Verlag Klaus Wagenbach, Berlin.

58 TIBULL: APOLL ALS HIRTE*.
Tibull: Gedichte. Aus dem Lat. übertr. und erl. von Friedrich Walther Lenz. Stuttgart: Reclam, 1966. (Universal-Bibliothek. 1582.) S. 35. [II,3,11–(20).]

59 HOMER: DER HIRTE POLYPHEM*.
Homer: Odyssee. Übers. von Roland Hampe. Stuttgart: Reclam, 1979. S. 141 f. [IX,216–257.]

62 VERGIL: KÄSEZUBEREITUNG*.
Vergil: Landleben. Catalepton, Bucolica, Georgica. Hrsg. und übers. von Johannes und Maria Götte. Vergil-Viten. Hrsg. und übers. von Karl Bayer. Lat. und dt. Düsseldorf/Zürich: Artemis Verlag, ⁷1998. S. 167 f. [Georgica/Landbau III,394–403.] – © 1995/1998 Artemis & Winkler Verlag, Düsseldorf und Zürich.

63 JULIANE GÜDE: DER KÄSE UND DIE MÖNCHE.
Originalbeitrag.

68 CARLO GINZBURG: WIE WÜRMER IM KÄSE*.
C. G.: Der Käse und die Würmer. Die Welt eines Müllers um 1600. Aus dem Ital. von Karl F. Hauber. Berlin: Wagenbach, 1990. (Wagenbachs Taschenbücherei. 178.) S. 30, 87–89. – © 1990 Verlag Klaus Wagenbach, Berlin.

72 CHRISTOPH WAGNER: KÄSE IM ABERGLAUBEN [AUSZUG].
C. W.: Käse für Kenner. S. 36 f.

74 BRÜDER GRIMM: BLÜMELIS-ALP.
Deutsche Sagen. Hrsg. von den Brüdern Grimm. Bd. 1. Berlin: Nicolai, 1816. S. 150 f.

75 LUDWIG BECHSTEIN: KASTELEN-ALPE.
L. B.: Deutsches Sagenbuch. Mit sechzehn Holzschn. nach Zeichn. von A. Ehrhardt. Hrsg. von Karl Martin Schiller. Leipzig: Wigand, 1853. S. 46 f.

77 JOHANN WOLFGANG GOETHE: DIE ALTE KÄSEFRAU*.
J. W. G.: Die Geschwister. Ein Schauspiel in einem Akt. Die Laune des Verliebten. Ein Schäferspiel in Versen und einem Akte. Mit einem Nachw. Stuttgart: Reclam, 1967. (Universal-Bibliothek. 108.) S. 17. [Aus: Die Geschwister.]

78 EMILE ZOLA: IM BAUCH VON PARIS*.
E. Z.: Die Rougon-Macquart. Natur- und Sozialgeschichte einer Familie unter dem Zweiten Kaiserreich. Hrsg. von Rita Schober. [Bd. 3:] Der Bauch von Paris. München: Winkler, 1974. S. 367–371, 373–378. [Übers. von Felix Loesch und Hans Balzer.] – © 1965 Verlag Rütten & Loening, Berlin.

85 ITALO CALVINO: DAS KÄSEMUSEUM.
I. C.: Herr Palomar. Aus dem Ital. von Burkhart Kroeber. München: Hanser, 1985. S. 85–89. – © 1985 Carl Hanser Verlag München Wien.

90 SARAH KIRSCH: DER MILCHMANN SCHÄUFFELE.
S. K.: Gedichte. Ebenhausen bei München: Langewiesche-Brandt, 1969. S. 48 f. – Mit Genehmigung des Langewiesche-Brandt KG Verlag, Ebenhausen bei München.

92 »ICH HABE DIE SCHARFGEWÜRZTEN GERICHTE GELIEBT ...«
Giacomo Girolamo Casanova, Chevalier de Seingalt: Aus meinem Leben. Aus dem Frz. übers. von Heinz von Sauter. Ausw. und Nachw. von Roger Willemsen. Stuttgart: Reclam, 1989. (Universal-Bibliothek. 687.) S. 11. – © 1964 Verlag Ullstein GmbH, Berlin.

92 JOHANN FISCHART: VON DES GRANDGOSCHIER KUCHEN, KASTEN UND KELLER [AUSZUG].
J. F.: Geschichtklitterung (Gargantua). Text der Ausgabe letzter

Hand von 1590. Mit einem Glossar hrsg. von Ute Nyssen. Nachw. von Hugo Sommerhalder. Ill. nach Holzschn. aus den Songes drolatiques de Pantagruel von 1565. Düsseldorf: Rauch, 1963. S. 76 f. [Kap. 4.]

94 »UM AUFS ESSEN ZURÜCKZUKOMMEN ...«
Robert Walser: Das Gesamtwerk. Hrsg. von Jochen Greven. Bd. 8: Verstreute Prosa I (1907–1919). Hrsg. von Jochen Greven. Zürich / Frankfurt a. M.: Suhrkamp, 1978. S. 359 f. [Aus: Essen (II).] – © 1978 Suhrkamp Verlag Zürich / Frankfurt am Main, mit Genehmigung der Inhaberin der Rechte, der Carl-Seelig-Stiftung, Zürich.

94 MANUEL VÁZQUEZ MONTALBÁN: CAMEMBERT MIT TOMATENMARMELADE*.
M. V. M.: Die Rose von Alexandria. Dt. von Bernhard Straub. Reinbek bei Hamburg: Rowohlt, 1987. (rororo thriller. 43294.) S. 34 f. – © 1987 Rowohlt Taschenbuch Verlag GmbH, Reinbek.

96 ALPHONSE DAUDET: DIE KÄSESUPPE.
A. D.: Montagsgeschichten. Aus dem Frz. von Eva Mayer. Frankfurt a. M.: Insel Verlag, 1990. (insel taschenbuch. 1251.) S. 196 200. – © 1981, 1992 Gustav Kiepenheuer Verlag GmbH, Leipzig.

103 »KÄSE IST MORGENS GOLD ...«
»KÄSE VOR DEM ESSEN ...«
»KÄSE IST EIN WUNDERLICH DING ...«
Käse Käse. S. 87.

103 JUDITHS KÄSEGERICHT*.
Aus dem Kol Bo, einem zu Beginn des 14. Jahrhunderts in Italien verfaßten jüdischen liturgischen Kompendium (Erstdruck Neapel 1490). [Übers. von Elisabeth Hollender.]

105 MOLIÈRE: KÄSE GEGEN HYPOKRISIE*.
Molière: Werke. Übertr. von Arthur Luther, Rudolf Alexander

Schröder, Ludwig Wolde. Wiesbaden: Insel Verlag, 1954. S. 577 f. [Aus: Der Arzt wider Willen. Übers. von Arthur Luther. Dritter Aufzug, Zweiter Auftritt.] – Mit Genehmigung des Steyer-Verlags, Freilassing.

107 BERNARD TEYSSANDIER:
VON DER ROHMILCH ZUR PASTEURISIERUNG.
B. T.: Bien Connaître les Fromages de France. [Paris:] Gisserot, 1995. (Coll. Bien Connaître. 5.) S. 22–24. [Übers. von J. G.] – © 1995 Editions Jean-Paul Gisserot, Paris.

113 »NEW YORK IST ...«
Nach: Robert J. Courtine: Larousse – les fromages. Paris: Larousse, 1987. S. 81. [Übers. von J. G.]

113 ROBERT WALSER:
DIE GESCHICHTE DES HERRN CAMEMBERT.
R. W.: Das Gesamtwerk. Hrsg. von Jochen Greven. Bd. 11: Verstreute Prosa IV (1926–1929). Hrsg. von Jochen Greven. Zürich / Frankfurt a. M.: Suhrkamp, 1978. S. 371 f. – © 1978 Suhrkamp Verlag Zürich / Frankfurt am Main, mit Genehmigung der Inhaberin der Rechte, der Carl-Seelig-Stiftung, Zürich.

115 EUGEN EGNER: DAS KOSMISCHE KÄSEBROT.
E. E.: Getaufte Hausschuhe und Katzen mit Blumenmuster. Kurze Texte. Leipzig: Reclam, 1996. (Reclam-Bibliothek. 1567.) S. 65–68. – © 1996 Reclam Verlag Leipzig.

119 INGO INSTERBURG: DIE KÄSEMADE.
Auf der CD: Insterburg & Co live. Mitschnitt aus der Wabe in Berlin im April 1992. – © Ingo Wetzker, Berlin.

119 JULIANE GÜDE: DER HALVE HAHN.
Originalbeitrag.

120 JEAN DE LA FONTAINE: DER WOLF UND DER FUCHS.
J. de La F.: Die Fabeln. Mit Ill. von Gustave Doré. Übers. von

Johanna Wege. Hrsg. von Jürgen Grimm. Stuttgart: Reclam, 1991. (Universal-Bibliothek. 1719.) S. 300 f. [XI,6.]

122 PHAEDRUS: DER FUCHS UND DER RABE.
Phaedrus: Liber Fabularum. / Fabelbuch. Lat. und dt. Übers. von Friedrich Fr. Rückert und Otto Schönberger. Hrsg. und erl. von Otto Schönberger. Stuttgart: Reclam, 1975. (Universal-Bibliothek. 1144.) S. 17. [I,13.]

124 »ZICKE, ZICKE, HÄSCHEN ...«
Ernst Klusen: Die schönsten Kinderlieder und Kinderreime mit vielen farbigen Illustrationen von Mouche Vormstein. Köln: Naumann & Göbel, [1993]. S. 151.

124 »ICH GING MAL IN DIE STADT ...«
Ernst Klusen: Die schönsten Kinderlieder und Kinderreime. S. 104.

124 RENÉ GOSCINNY: DER SCHULRAT WAR DA [AUSZUG].
[Jean-Jacques Sempé / René Goscinny:] Der kleine Nick. Achtzehn prima Geschichten vom »Asterix«-Autor GOSCINNY. Dt. von Hans-Georg Lenzen. Mit vielen Zeichn. von SEMPÉ. Zürich: Diogenes Verlag, 1974. S. 38–40. – © 1974 Diogenes Verlag AG Zürich.

127 LONGOS: DER DANK DAPHNIS' UND CHLOES*.
Longos: Daphnis und Chloe. Übers., Anm. und Nachw. von Otto Schönberger. Stuttgart: Reclam, 1970. (Universal-Bibliothek. 6911.) S. 29 f. [II,8.] – © 1960 Akademie-Verlag GmbH, Berlin.

128 »OH, WIE VORZÜGLICH ...«
Nach: Robert J. Courtine: Larousse – les fromages. Paris: Larousse, 1987. S. 208. [Übers. von J. G.]

129 JULIANE GÜDE: DIE ENTSTEHUNG DES ROQUEFORT.
Originalbeitrag.

130 »DU MEIN LEBEN ...«
Plautus: Poenulus (Der Onkel aus Afrika). Lustspiel in fünf Akten. Übers., Nachw. und Anm. von Andreas Thierfelder. Stuttgart: Reclam, 1967. (Universal-Bibliothek. 8779.) S. 19. [1. Akt, 2. Szene.]

130 »WENN ICH EINEN HEIRATSFÄHIGEN ...«
Nach: Robert J. Courtine: Larousse – les fromages. Paris: Larousse, 1987. S. 71.

131 JOHANNES MARIO SIMMEL: BEIM KOCHEN FÜR DIE AMIS ENTFLAMMT THOMAS LIEVENS HERZ*.
J. M. S.: Es muß nicht immer Kaviar sein. Die tolldreisten Abenteuer und auserlesenen Kochrezepte des Geheimagenten wider Willen Thomas Lieven. München: Knaur, [58]1993. (Knaur Taschenbuch. 29.) S. 431f. – © 1986 Droemer Knaur Verlag, München.

134 PARMESANPUDDING NACH THOMAS LIEVEN.
Johannes Mario Simmel: Es muß nicht immer Kaviar sein. S. 433.

135 KURT TUCHOLSKY:
WO KOMMEN DIE LÖCHER IM KÄSE HER –?
K. T.: Gesammelte Werke in 10 Bänden. Hrsg. von Mary Gerold-Tucholsky und Fritz J. Raddatz. Bd. 6: 1928. Reinbek bei Hamburg: Rowohlt, 1975. S. 210–213. – © 1960 Rowohlt Verlag GmbH, Reinbek.

142 GUY BONNEFOIT: WELCHER WEIN ZUM KÄSE?
Interview in: essen & trinken. H. 1. 1995. S. 47. – © 1994 Gruner + Jahr AG & CO, Hamburg.

145 FRANZ STRASSMANN: WER HAT DEN KÄSE
ZUM BAHNHOF GEROLLT?
Text und Musik: Franz Strassmann. – © 1926 Fritz Horst (Musikverlag Wilhelm Halter, Karlsruhe).

145 JULIANE GÜDE: WIE KOMMT DER MÜNSTER ZUM KÜMMEL?
Originalbeitrag.

147 »EIN NACHTISCH OHNE KÄSE ...« (BRILLAT-SAVARIN).
[Jean Anthelme] Brillat-Savarin: Physiologie des Geschmacks oder Transzendentalgastronomische Betrachtungen. Mit Einl. und Anm. dt. von Robert Habs. Leipzig: Reclam, [1885]. (Universal-Bibliothek. 1971–1974.) S. 24.

147 »EIN NACHTISCH OHNE KÄSE ...« (DERYS).
Nach: Robert J. Courtine: Larousse – les fromages. Paris: Larousse, 1987. S. 36. [Übers. von J. G.]

147 WILHELM BUSCH: PST!
W. B.: Gedichte. Hrsg. von Friedrich Bohne. Zürich: Diogenes, 1974. S. 162 f.

BILDNACHWEISE

22 Melkerfries aus den mesopotamischen Tell al-Ubaid, 3. Jahrtausend v. Chr. (Bagdad, Iraq Museum; Kopie im British Museum, London; Ausschnitt).

35 Das Erhitzen der Milch in einem Alpen-Chalet. Holzstich von Karl Girardet aus: L'Illustration, Journal Universel. Nr. 518. 29. 1. 1853. S. 77.

45 Floris Claesz. van Dyck: Schautafel mit Käsestücken und Früchten, 1613 (Haarlem, Frans-Hals-Museum).

47 Käsemarkt auf der Waagplein in Alkmaar. Aus: Siggi Weidemann: Amsterdam mit Nord- und Südholland. Köln: DuMont, 1994. (DuMont Kunst-Reiseführer.) S. 249. – Mit Genehmigung von Siggi Weidemann, Amsterdam.

57 François Bonvin: Stilleben mit Brie, 1863 (Paris, Musée d'Orsay; Ausschnitt).

60 Ländliche Szene. Ausschnitt aus einem vor 1407 vollendeten Freskenzyklus eines unbekannten Meisters (Trient, Museo Nazionale).

64 Deckel einer Camembert-Schachtel der Firma G. L. A. C., Surgères.

97 Käseverkäufer. Fresko auf Schloß Issogne im Aosta-Tal; um 1490 (Ausschnitt).

101 Peter Jakob Horemans: Stilleben mit vornehmer Dame, 1762 (München, Bayerische Staatsgemäldesammlungen).

104 Käseverkäufer (mit Kreuzkäse). Kolorierter Holzschnitt aus dem »Hortus sanitatis« des Johannes von Cuba, Straßburg 1507.

109 Honoré Daumier: Der Zeitungsleser beim Käsehändler (Les journaux chez l'épicier). Lithographie, 1842.

112 Limburger Käsehändler. Kolorierte Radierung von Christoffer Suhr aus: Der Ausruf in Hamburg vorgestellt in Ein hundert und Zwanzig Colorirten Blättern gezeichnet radirt und geätz von Professor Sur, mit Erklärungen begleitet. Hamburg 1808. Nachdr. Hamburg 1979. Nr. 27.

123 Grandville: Der Rabe und der Fuchs. Illustration zu der gleichnamigen Fabel (I,2) von La Fontaine, 1838.

128 François Boucher: Schäfer und Schäferin, 1760 (Karlsruhe, Staatliche Kunsthalle).

144 Freimut Wössner: Welches bekannte deutsche Nationalgericht wird hier serviert? Aus: Süddeutsche Zeitung. 16./17. November 1996. – Mit Genehmigung von Freimut Wössner, Berlin.

Abbildung auf der Umschlagvorderseite und unterlegtes Photo S. 37, 56, 108, 117 aus: Christoph Wagner: Käse für Kenner. Geschichte und Gegenwart der österreichischen Käsekultur. Wien: Edition Epikur im Verlag Brandstätter, 1993. S. 202 (Ausschnitt), 123. Photo: Photostudio Liesl Biber. Mit Genehmigung der ÖMIG, Österreichische Milchinformations GmbH, Wien. – Umschlagrückseite: Die Rahmhändlerin. Kolorierter Kupferstich aus den »Cris de Paris dessinés d'après nature« von Michel Poisson, Paris 1774.

Der Verlag Philipp Reclam jun. dankt für die Nachdruck- und Reproduktionsgenehmigung den Rechteinhabern, die durch den Text- bzw. Bildnachweis und einen folgenden Genehmigungs- oder Copyrightvermerk bezeichnet sind. In einigen Fällen waren die Inhaber der Rechte nicht festzustellen. Hier ist der Verlag bereit, nach Anforderung rechtmäßige Ansprüche abzugelten.

Dreimal
hervorragend
essen und trinken
für 15 Mark!

FÜRSTENHOFF, POHLE

Ja, das geht: *Rufen Sie einfach 040-37 03 40 41 an, und Sie bekommen für nur 15 Mark drei Monate lang essen & trinken - die Zeitschrift für alle, die gern essen und trinken. In jeder Ausgabe finden Sie neue Rezepte für marktfrische Küche und dazu viel Lesens- und Wissenswertes zu allen kulinarischen Themen: vom Reisebericht über die Weinreportage bis zum Restaurant-Tip.*
Das wird Ihnen schmecken!

Bestellen Sie per Telefon: 040-37 03 40 41